AUF DEN SPUREN
VON FÜRST BORGHESE

RALLYE PEKING–PARIS 1907/2007

100 JAHRE DANACH

Peter Höner *Text*
Michel Zumbrunn *Fotos*

orell füssli

The Borghese Memorial

Am 31. Januar 1907 erschien in der französischen Zeitung «Matin» folgende Anzeige: «Was heute noch bewiesen werden muss, ist, dass ein Mann, solange er im Besitz eines Autos ist, alles tun und sich überall hinbegeben kann. Gibt es jemanden, der diesen Sommer eine Fahrt per Automobil von Peking nach Paris unternehmen wird?»

40 Männer wollten das Wagnis eingehen. Am Start in Peking, am 10. Juni um acht Uhr, standen schliesslich nur gerade fünf Teams. Das Rennen wurde auf Grund der kleinen Teilnehmerschar offiziell abgesagt. Die Fahrer starteten dennoch. 61 Tage später, am 10. August, erreichten Fürst Scipione Borghese, sein Chauffeur Ettore Guizzardi und der Journalist Luigi Barzini Paris. Als Sieger.

Fürst Scipione Borghese (1871–1927) trat mit 18 in die Armee ein. Aufgeschlossen und neugierig entwickelte er sich zu einem sozial engagierten Freigeist und rebellierte gegen die in ihn gesetzten Erwartungen seiner berühmten Familie. Der militärisch geschulte Mann, schlank, mit sparsamer Gestik und einem scharfen Blick, ein Diplomat und Forscher, der fünf Sprachen sprach, nicht trank, nicht rauchte und nicht spielte, interessierte sich in erster Linie für Maschinen und ihre Technologie. Er war Begleiter mehrerer Expeditionen in Mesopotamien, in Turkestan, er kannte Sibirien und Zentralasien. Alles, was Borghese vor 1907 machte, schien nichts anderes als eine Vorbereitung auf Peking–Paris zu sein. Er hatte Geld, das schnellste Auto, unbezahlbare Kontakte, Erfahrung und Training. Er muss für seine Konkurrenten ein Albtraum gewesen sein. Später trat er wieder in die Armee ein. In geheimer, diplomatischer Mission traf er während der Russischen Revolution mit Lenin zusammen, um diesen zu überreden, gegen Deutschland in den Krieg zu ziehen. Nach dem 1. Weltkrieg zog er sich enttäuscht aus dem öffentlichen Leben zurück.

Ettore Guizzardi (1881–1963) war 15 Jahre alt, als er bei einem Eisenbahnunglück seinen Vater verlor. Fürst Borghese nahm sich des Jungen an und erkannte die technische Begabung Ettores. Er liess ihn zum Mechaniker ausbilden, beschäftigte ihn zeitlebens als seinen persönlichen Chauffeur und übertrug ihm die Verantwortung für seine Fahrzeugflotte. Zwischen den beiden Männern entwickelte sich ein Vertrauensverhältnis, und im Vorwort von Barzinis Reisebericht bedankt sich der Fürst bei niemandem so herzlich für seinen Einsatz wie bei Ettore Guizzardi.

Luigi Barzini (1874–1947), Journalist und Schriftsteller, startete seine Karriere 1898 beim «Corriere della Sera», 1900 war er als Korrespondent in China, berichtete über den Boxeraufstand, 1906 aus Tokio über den japanisch-russischen Krieg. Sein Reisebericht «Peking–Paris im Automobil» wurde in kürzester Zeit ein Bestseller. Während des 1. Weltkriegs arbeitete Barzini als Kriegsreporter, 1923 gründete er in den USA den «Corriere d'America». 1932 kehrte er nach Italien zurück, wo er weiter als Journalist und Buchautor arbeitete.

Genau 100 Jahre später startet eine Gruppe mit 30 historischen Fahrzeugen zum Borghese-Memorial. Sie hält sich so weit wie möglich an Routen und Etappen des berühmten Vorbilds.

Inhalt

The Borghese Memorial — 5

1907 — 9

Teams 1–30 — 25
    Pannenstatistik — 56

2007 — 61
    China — 63
    Mongolei — 93
    Russland — 147
    Estland, Lettland, Litauen — 203
    Polen, Deutschland, Frankreich — 211

Streckenprofil — 226

Falttafel «Peking–Paris im Automobil» — 228

Nachwort — 229

Aus dem Werkzeugkasten — 231

Dank — 233

Impressum — 235

1907

Luigi Barzini
Peking–Paris im Automobil
Eine Wettfahrt durch Asien und Europa in sechzig Tagen

Am 18. März 1907 mittags, einem für mich denkwürdigen Tag, sass ich in Mailand an meinem Schreibtisch, vertieft in das Aktienstudium des nordamerikanischen Eisenbahnwesens. Plötzlich riss mich ein lautes Klingeln des Telephons aus den Eisenbahnnetzen der Vereinigten Staaten.

«Hier Barzini! Wer dort?»

«Guten Morgen!»

Ich erkannte die Stimme Luigi Albertinis vom *«Corriere della Sera»*.

«Ich muss Sie unbedingt sprechen; kommen Sie zu mir!»
«Sofort?»
«Augenblicklich.»

Ich stürzte aus dem Hause, springe in die erste freie Droschke, und gehe während der Fahrt eilig die Ereignisse der letzten vierundzwanzig Stunden durch, um den Grund einer so dringenden Aufforderung zu erraten.

Als ich, bis oben voll von berechtigter Neugier, das Bureau Albertinis betrat, reichte dieser mir eine Nummer des Pariser *«Matin»*, zeigte mir auf der ersten Seite unter einer riesigen Überschrift einige Zeilen und fragte:

«Was denken Sie darüber?»

Ich schaute hin und las folgende überraschende Einladung:

«Wer ist bereit, in diesem Sommer von Peking nach Paris im Automobil zu fahren?»

«Was denken Sie darüber?» wiederholte Albertini.
«Herrlich.»
«Und würden Sie bereit sein, daran teilzunehmen?»
«Mit dem grössten Vergnügen.»

Wir verwandten einige Minuten auf das Durchblättern der folgenden Nummern des *«Matin»*, um einige weitere Mitteilungen über die abenteuerliche Reise zu suchen. Zustimmungsschreiben füllten Spalten über Spalten; es waren Briefe, die eine allzu rasch entflammte Begeisterung bekundeten, als dass sie von langer Dauer hätte sein können. Einer jedoch fesselte unsere Aufmerksamkeit, weil er von einem Italiener herrührte und kurz und kühl war wie eine Empfangsbescheinigung. Er lautete:

«Ich beteilige mich an der Wettfahrt Peking–Paris mit meinem Automobil Itala. Wäre Ihnen dankbar, wenn Sie mir möglichst bald alle Einzelheiten mitteilten, um meine Vorbereitungen danach treffen zu können. Fürst Scipione Borghese.»

Die Itala mit Fürst Borghese und Chauffeur Ettore Guizzardi.

So beginnt Luigi Barzini seinen Reisebericht über die erste Rallye der Welt. Es gelingt ihm, sich Fürst Borghese anzuschliessen. Dieser gilt als Pionier und Abenteurer, der schon auf früheren Reisen von sich reden gemacht hat und zu dem Barzini sofort Vertrauen fasst. Ohne sich näher kennen gelernt zu haben, treffen sich die beiden Männer am 6. Juni 1907 vier Tage vor dem Start in Peking.

Zusammen mit dem Chauffeur des Fürsten, Ettore Guizzardi, sollten sie die Rallye gewinnen.

Barzini beschreibt seine Reisegefährten genau, und selbstverständlich legt er Wert auf Eigenschaften, die im Verlauf der Reise immer wichtiger werden. So schreibt er über Ettore Guizzardi:

Das erste Mal, als ich ihn sah, lag er unter der Itala so lang er war ausgestreckt auf dem Rücken, unbeweglich, mit gekreuzten Armen. Im ersten Augenblick glaubte ich, er arbeite, aber nein, im Gegenteil, er ruhte aus. Später, unterwegs, bemerkte ich, dass dies eine seiner Lieblingsstellungen, ein Zeitvertrieb für ihn war. Wenn er nichts zu tun hatte, streckte er sich unter dem Automobil aus und betrachtete es, Welle um Welle, Stück für Stück, Schraube um Schraube. Stundenlang unterhielt er sich in seltsamen Zwiegesprächen mit seiner Maschine.

Und über den Fürst sagt er, nachdem er dessen phänomenales Gedächtnis beschrieben hat, das ihm erlaubt, sich Karten, Wegstrecken, Entfernungen und Gegenden mit mathematischer Klarheit einzuprägen:

Dazu tritt noch die Willenskraft, die der Fürst mehr über sich selbst als über andere ausübt. Um ein Ziel zu erreichen, vermag er Hunger, Durst, Anstrengungen zu ertragen, seine Leiden haben nicht den geringsten Wert gegenüber der Tatsache, dass das Ziel erreicht werden muss. Diesem weist er die allerhöchste Bedeutung zu. … Darin liegt das Geheimnis aller grossen Erfolge. Wohin er gelangen will, dorthin gelangt er, indem er planmässig seine ganze Tatkraft und jedes Mittel aufbietet, über das er verfügen kann. Er macht eine Frage der Eigenliebe, das heisst des Ehrgeizes daraus. Und wenn der Ehrgeiz bei schwachen Menschen ein Fehler ist, so ist er bei starken eine Tugend. Er ist die treibende Kraft der schönsten und kühnsten Unternehmungen.

Am Start befinden sich von den anfänglich 25 eingeschriebenen Fahrzeugen und trotz der grossen Begeisterung nur fünf Fahrzeuge. Ein Contal-Dreirad mit sechs PS, zwei de Dion-Bouton mit 10, ein Spyker mit 15 und die Itala mit 50 PS.

Im Vorfeld wird heftig darüber gestritten, ob denn nun ein leichtes, aber schwaches oder ein starkes, dafür schweres Fahrzeug für die Rallye besser geeignet sei. Der Fürst hat sich für einen schweren, starken Wagen entschieden, der im Übrigen kaum verändert an den Start geht. Die Ecken des Rahmens und die Federn sind verstärkt und die Maschine auf höhere und breitere Räder gesetzt worden, um das Auto besser vor dem Einsinken zu bewahren.

Zu Barzinis Reisevorbereitungen gehören Absprachen und Erkundigungen über die Telegrafenämter entlang der Strecke, denn es ist vorgesehen, dass er regelmässig über die Rallye berichtet, im *«Corriere della Sera»* und im Londoner *«Daily Telegraph»*.

Wie vorgesehen starten die Wagen am 10. Juni zu ihrer Reise im Norden Pekings, am Doschmen-Tor.

Eine elegante Dame, die Gattin des Ersten Sekretärs der französischen Gesandtschaft, übernimmt mit Anmut das Amt des Starters.

Sie hebt die Flagge.

Ein Augenblick der Stille, nur das Saufen der Motoren lässt sich vernehmen. Der Rauch umgibt uns in langgezogenen Streifen und trennt uns von den Umstehenden.

Die Flagge senkt sich.

Ein Krachen von Petarden und Mörsern bricht los. Wir bewegen uns mitten im Schlachtgetöse. Wir fahren ab. … Die Menge um uns herum brach in begeisterte Jubelrufe aus. *«Bon voyage!»*, *«Good bye!»*, einer rief: *«Au revoir, auf Wiedersehen!»*, und die Menge lachte. … Auf der Strasse, die schwarz war von chinesischen Soldaten, zwischen zwei Reihen einer stumm dastehenden Bevölkerung waren nur noch die fünf Automobile zu sehen, die sich hintereinander durch die Hauptstadt des Himmlischen Reiches mit einer Schnelligkeit bewegten, die dort noch nie gesehen worden war und vielleicht auch nie mehr gesehen werden wird!

Ziemlich bald bekommt der Leser allerdings den Eindruck, dass die Autos längst nicht so gut vorankommen, wie ihre Fahrer glaubten. Schon nach wenigen Kilometern bleibt die Itala stehen. Sie kommt im Sand nicht rasch genug vorwärts, der Motor überhitzt und wie ein Hauch entströmt der Dampf zischend dem Verschluss des Auspuffs. Es muss Wasser nachgefüllt werden. Kurze Zeit später ist die Auffahrt auf eine Brücke nicht möglich, weil die Anfahrtsrampen verschwunden sind. Zugtiere und Kulis ziehen und schieben den Wagen. Die Strassen sind zu steil, zu schmal, zu holprig, und der Fürst muss mit einem Bambusstab die Strassenbreite ausmessen, um dann seinen Chauffeur und die schiebenden Helfer über Stock und Stein zu dirigieren.

… Zwei Reihen gekrümmter Menschen zogen, an die Seile gespannt, langsamen Schrittes die schwere Maschine, während andere hinten schoben. Ab und zu blieb das Automobil mit einem Ruck stehen; es stemmte sich wie ein störrisches Tier.

Die Fahrt durch China hat wenig mit Fahren zu tun. Bis zur mongolischen Hochebene wird die Rallye von Kulis begleitet, welche die Blechkisten durch Schluchten ziehen, Steilhänge hinaufstossen und mit grosser Vorsicht um Felsen und Abgründe lenken. Stufe um Stufe arbeiten sich die Pioniere in die Höhe. Nur selten können sie ein kurzes Zwischenstück geniessen und ihre Maschinen laufen lassen.

Das Dreirad Contal versinkt im Sand. Der Fahrer lässt es mit der Bahn in die Mongolei bringen, hofft auf bessere Verhältnisse, die ihm eine Weiterfahrt erlauben. Ein Trugschluss, er muss die Reise aufgeben. Auch die übrigen Fahrzeuge kämpfen mit ähnlichen Problemen und fallen zurück. An der Schwelle zur Wüste versammeln sie sich ein letztes Mal.

Oben links
Aussicht in das Schi-Schan-Tal mit den Türmen der äussersten Grossen Mauer.

Oben rechts
Abfahrt der Itala aus Peking.

Unten links
Ettore beim Umgiessen des Benzins.

Rechts
Ein schwieriger Aufstieg im Lien-ya-miao-Gebirge.

Nächste Seite
Das Lager in der Mongolei.

Überall Öl und Benzinbehälter, Schraubenschlüssel, Hämmer, Gummi, Ersatzstücke in buntem Durcheinander umhergestreut. Die Mechaniker krochen auf allen vieren zwischen die Räder, streckten sich hier aus, drehten mit eingefetteten Händen an Gewinden, schraubten Verschlussstücke los, hämmerten und putzten. Alle überflüssigen Teile wurden entfernt und weggeworfen, um die Maschine leichter zu machen; Pons sägte seine Schutzbretter ab, Bizac nahm die Schalldämpfer heraus. Dann wurden die Motoren geprobt, behorcht, nochmals geprobt, und der Hof füllte sich mit Lärm, Rauch und Gestank. Am Abend waren alle Automobile reisefertig. … Wir waren etwas müde und hatten uns nichts mehr zu sagen, da die Geister von demselben Gedanken erfüllt waren. Wir standen im Begriff, mit Kalgan jede Berührung mit der Zivilisation zu verlassen. Bis dahin hatten wir uns in der Lage befunden, von Peking rasch Hilfe zu erhalten, wir waren durch bevölkerte Landstriche gezogen. Die Rückkehr wäre leicht gewesen. Von morgen an aber würden wir ins Unbekannte hinaus geschleudert werden, ganz allein.

Der einzige Wegweiser durch die Wüste Gobi nach Ulan Bator ist die Telegrafenleitung. Blindlings wollen die Männer auf rund 1200 Kilometern der Linie der Stangen folgen. Sie bedeuten in der fernen Einöde die einzige Verbindung zu ihrer Welt. Kommt hinzu, dass Barzini auf die Stationen angewiesen ist, um seine Berichte zu übermitteln, die in Europa mit grossem Interesse verfolgt werden.

Eine Strasse gibt es nicht. Trotzdem kommen die Fahrzeuge auf dem jungfräulichen Terrain rasch voran, und ihre Hoffnungen, dass sich die Piste durch die Wüste als die bessere Strasse erweist als die bisherigen Holperstrassen, bestätigen sich. Vor allem können sie fahren und sind nicht mehr auf die Begleitung von Kulis und Zugtieren angewiesen.

Geschickt vermeidet Barzini in seinen Schilderungen die Eintönigkeit eines Tagebuchs und verbindet jeden Reisetag mit einem besonderen Erlebnis. Ein Besuch bei Nomaden, Sorgen um ein verlorenes Gepäckstück, Begegnungen mit Pferdeherden, welche das Auto begleiten und von dessen Geschwindigkeit animiert neben ihnen her galoppieren. Landschaftsschilderungen, Gedanken, Betrachtungen. Obwohl die Fahrt als Wettrennen gedacht ist, nehmen sich der Fürst und seine Begleiter Zeit für Gespräche mit Einheimischen, für Abstecher in die Landschaft. Sie sind neugierig, ehrgeizig und mit jener Sensibilität unterwegs, die auch in scheinbar kleinen Begegnungen das Verständnis für grosse Zusammenhänge erahnen lässt.

Unter Publikum.

Man kann sich keine seltsamere Stadt vorstellen. Sie bestand aus einer Menge kleiner, weisser Häuser, mit viereckigen, regelmässigen Dächern, auf geraden und breiten Strassen. … Ein Bergnest des Lamaismus. Eine Lamastadt. Die Stadt schwieg wie die sie umgebende Wüste. …

Als wir von neuem in die Stadt gelangten, begaben wir uns zu Fuss nach dem bewohnten Teil. Irgendjemand hatte uns gesehen. Männer stiegen, von Hunden begleitet, zu uns empor, allen voran ein Greis. Der Fürst wandte sich mit einem Zeichen des Grusses an ihn. Der Alte wich zurück und floh. Der Gruss wurde bei einem jungen Manne wiederholt, der ihn glücklicherweise festen Fusses und mit einem der Sachlage entsprechenden Mut entgegennahm.

Wie aber sollte man einen mongolischen Lama nach dem Weg zu einer Telegraphenstation fragen? … Der Fürst holte seinen Notizblock hervor und zeichnete Striche, die die Telegraphenstangen darstellen sollten, versah sie mit Isolatoren und spannte Drähte dazwischen. Die Lamas verfolgten seine Arbeit mit gespanntem Interesse, stiessen einander an und reckten die Hälse. … Endlich begriffen die Mönche den Sinn der Hieroglyphen. Gestikulierend und laut durcheinander rufend setzten sie sich in Bewegung, um uns die Richtung zu zeigen. Beim Anblick des Autos blieben sie erstaunt stehen. Ettore setzte die Maschine in Bewegung. Er drehte die Kurbel mit Macht, der Motor trat lärmend in Tätigkeit, und die Hunde und die Lamas flohen Hals über Kopf der heiligen Stadt zu.

Zum Glück hatten wir begriffen, wo wir die Telegraphenstation zu suchen hatten. … Wir fanden sie mitten auf einer Wiese, auf der schon der Abendschatten lag.

«Wissen Sie schon?» fragte uns der Telegraphist in grosser Eile. «Es ist ein anderes Automobil vorbeigekommen.»

«Ist es möglich?»

«Ja, es hat hier nicht angehalten. Es fuhr rasch wie der Wind.»

«Teufel noch mal! – Sind Sie ganz sicher? War es ein Automobil, wie das unsrige?»

«Viel kleiner, o, viel kleiner.»

«… Das müssen wir gewesen sein», erklärten wir dem erstaunten Mann. «Wir waren es, die dort vorbeifuhren. Wir haben nicht gehalten, weil wir das Telegraphenamt nicht sahen, das wir auf allen Seiten des Hügels suchten, nur nicht auf der richtigen.»

«Das Automobil, das vorüber fuhr, erschien mir kleiner», bemerkte er zweifelnd.

«Infolge der Entfernung.»

«Das ist wahr. Die Entfernung verkleinert alles.»

Nachdem er diese Wahrheit ausgesprochen hatte, zeigte sich der Telegraphist vollkommen überzeugt.

Fahrbereit an der Grenze zur Mongolei.

Mit solchen Beobachtungen und Geschichten gelingt es Barzini immer wieder, seine Leserschaft zu unterhalten und die lange Strecke und ihre Monotonie, über die er ebenso getreulich berichtet, vergessen zu lassen.

Den eigentlichen Sog des Buches machen freilich die Abenteuer aus, Überraschungen, Pannen, Hindernisse, die sie zu meistern haben. Ob sie das Ziel Paris erreichen – eine Neugier, die sich schon mit einem Blick auf die Kapitelüberschriften befriedigen lässt – und wer das Wettrennen gewinnt, interessiert kaum. Den Lesern wird schnell klar, dass die Itala des Fürsten, zumindest in der Erzählung Barzinis, mit Abstand das beste Fahrzeug ist.

Schon das Wetter spielt den Männern übel mit. In China entrinnen sie noch knapp der einsetzenden Regenzeit, in der Mongolei geraten sie in einen Sandsturm, doch dann regnet es von Irkutsk bis Paris. Die Wege durch Dörfer und Steppen verwandeln sich über weite Strecken in einen einzigen Sumpf. Sie bleiben stecken. Mehrmals an einem Tag müssen sie von Pferden aus dem Dreck gezogen werden, oder es müssen mit Baumstämmen Fahrbahnen durch den Sumpf gelegt werden. Manchmal reisst der Himmel auf, und es empfiehlt sich zu warten, bis die Schlammmassen eintrocknen. Sie entwickeln ein Hebelsystem, mit dem das Fahrzeug aus dem Dreck gehoben werden kann. Eine Zeit lang verbreitern sie die Auflageflächen der Antriebsräder mit festgebundenen Hölzern und machen so Federn und Räder kaputt.

Sie stehen am Ufer von Flüssen, über die es keine Brücke und keine Furt gibt und deren Fähre abgesoffen im Uferschilf liegt. Sie zerlegen das Auto in seine Einzelteile und lassen es durch den Fluss tragen, oder sie erreichen dank der Begleitbriefe des russischen Ministeriums, dass ein Floss gebaut wird.

Den Baikalsee entlang fahren sie auf der Trasse der Transsibirischen Eisenbahn, zwischen den Schienen, den Fahrplan der Züge im Kopf, damit sie die Itala rechtzeitig beiseite heben können, wenn sich ihnen ein Zug nähert.

Doch alle Tricks können nicht verhindern, dass sie immer wieder stecken bleiben und ihre Reise mehrmals vor dem Aus steht.

Unten
Fahrt durch einen Nebenfluss der Iro.

Rechts
Der Gouverneur der Mongolei in der Itala, von seinem Gefolge begleitet.

Rechte Seite
Das umgestürzte Automobil. Das Vorderteil des Automobils wird an Bäume gebunden und von den Brückenresten befreit.

Wir hatten kaum einen halben Kilometer zurückgelegt, als vor uns eine Holzbrücke auftauchte. Sie war gegen 20 Meter lang und über 3 Meter breit. Sie war etwas krumm gezogen und wies die Unregelmässigkeiten und Unachtsamkeiten eines Provisoriums auf. Aber wir waren schon über viele ähnliche Brücken gefahren, die nicht besser ausgesehen hatten. Sie überbrückte einen kleinen, drei bis vier Meter tiefen Fluss, dessen Ufer dicht mit Gebüsch und Strauchwerk bewachsen waren.

Vor jedem Hindernis machten wir kurz halt, nahmen es in Augenschein, ohne das Automobil zu verlassen, sahen rasch den Übergang an und entschlossen uns sofort. Wir hatten Auge und Geist an tausend Problemen der Strasse geübt, wussten, wo rasches Handeln und wo Vorsicht Not tat, erkannten instinktiv die Stellen, auf denen die Räder hinüberkommen konnten, errieten den widerstandsfähigsten Teil eines Brettes wie die Tiefe eines Gewässers oder die Tragfähigkeit eines sumpfigen Bodens. … Wir hatten, wenn wir auf Schwierigkeiten stiessen, eine einfache Art, uns damit abzufinden; wir sagten nur: *«Versuchen wir es!»*

Das Automobil fuhr auf den Bretterboden, der erzitterte ein wenig, knirschte und schwankte, wie es so viele andre unter dem Gewicht der Maschine getan hatten. … Der vordere Teil des Wagens war schon über die Hälfte der Brücke gekommen und näherte sich dem Gras bewachsenen Rand der Strasse. Die Gefahr schien vorüber. Mit einemmal hörten wir ein fürchterliches Krachen! Die Fahrbahn hatte unter dem Gewicht des hinteren Teils der Maschine nachgegeben, sie brach und splitterte auseinander; die ganze Brücke öffnete sich und stürzte zusammen.

Der Motor schwieg. Das Fahrzeug wich mit einer plötzlichen, schweren Bewegung zurück und schlug mit seinem unteren Teil auf die Reste der Fahrbahn auf. Dann erhob es die Vorderräder in die Luft, während es mit dem hinteren Teil versank und in einer fürchterlichen Pendelschwenkung eine senkrechte Stellung annahm. So stürzte das Automobil in den Fluss hinab bis auf den Grund, um seine Kreisbewegung fortzusetzen und nach hinten auf den Rücken zu fallen. … Ich hatte rittlings auf dem Gepäck gesessen. Als ich das erste Krachen hörte, glaubte ich nur an ein Einbrechen des Automobils, an ein Einklemmen der Räder in die Risse eines zersprungen Brettes. Einen Augenblick später befand ich mich unter der Brücke in einem plötzlichen, unheil verkündendem Halbdunkel, angeklammert an die Seile, mit denen das Gepäck verschnürt war. Das Automobil sank immer tiefer und zerbrach das Holz. Ich liess mich mitziehen, zusammengekrümmt unter einem Hagel von Brettern, die mich von hinten trafen, mir auf die Schultern fielen, die mit einem immer mehr wachsenden unaufhörlichen krachenden Getöse zusammenstürzten. Ich hielt uns schon für gerettet, als ich sah, dass die mächtige Rückseite des Automobils sich langsam nach hinten bewegte. Das Gehäuse des Ölbehälters hing jetzt senkrecht über meinem Kopf und übergoss mich mit Fluten heissen Öles. Ich wurde ganz nass und fühlte das Öl über mein Gesicht rinnen. In diesem Augenblick bemerkte ich, dass die beiden Sitze über mir leer waren.

Es grenzt an ein Wunder, dass niemand verletzt wurde, dass sich der Wagen bergen und wieder starten liess. Mit gebrochenen Rippen, schmerzendem Rücken und verbranntem Gesicht fahren die Männer drei Stunden später wieder weiter, wieder auf den Bahngeleisen, von wo sie den Wagen noch am selben Tag erst im allerletzten Augenblick vor einem heranbrausenden Güterzug retten können.

1907 – Luigi Barzini, Peking–Paris im Automobil

Der übliche Empfang auf den sibirischen Strassen.

Nächste Seite
Fürst Borghese und Barzini vor Berlin.

Andere Tage sind weniger aufregend. Barzini schildert seine Eindrücke von Landschaften, erzählt von Menschen, von ihren Dörfern und wie sie leben. Für die damalige Zeit überraschend unvoreingenommen berichtet er ohne Dünkel, immer auf Augenhöhe mit den Kulturen, als deren Gäste sie sich verstehen. Liebevoll und mit einem Augenzwinkern beschreibt er das Interesse an ihrem Fahrzeug, wie neugierige Bauern im Motor nach dem «Tier» suchen, das den Wagen derart zu beschleunigen vermag, oder ein Rennen zwischen Autofahrer und mongolischem Reiter.

Manchmal macht er sich über die Wichtigtuerei von Beamten lustig oder ärgert sich über die Sturheit von Telegrafisten, die sich weigern, seine Berichte anzunehmen. Die kleinen Zwischenstationen sind hauptsächlich dafür da, Meldungen von auswärts weiterzuleiten. Dass auch eigene Meldungen verschickt werden können, wird kaum in Anspruch genommen. Barzinis Berichte sind für die Beamten, welche die Sprache des Fremden nicht kennen und deshalb nicht verstehen, was sie da durch den Äther tickern, eine echte Herausforderung. Kein Wunder, dass sie sich dagegen sträuben.

Noch in Nishni Novgorod, immerhin nur noch zwei Tagesreisen von Moskau entfernt, will ein Kellner während einer Abendgesellschaft von Barzini wissen, ob er ein Telegramm aufgegeben habe.

«Das Amt lässt sagen, dass es das Telegramm nicht befördern könne, die Depesche sei zu lang.»

Zum Glück waren die einflussreichsten Männer der Stadt zu Stelle; sie telefonierten, eilten auf das Telegraphenamt und kehrten triumphierend zurück. Das Telegramm war abgegangen.

Mitternacht war vorüber, als an die Tür meines Hotelzimmers geklopft wurde.

«Wer ist da?»

«Sie haben ein Telegramm aufgegeben?»

Wütend sprang ich aus dem Bett und eilte an die Tür.

«Ja», schrie ich den Oberkellner an. *«Es ist vier Stunden her, dass ich es aufgegeben habe. Vier Stunden!»*

«Beruhigen Sie sich», erwiderte er sanften Tones. *«Ihr Telegramm ist abgegangen. Nur wünscht das Amt eine kleine Aufklärung…»*

«Welche denn?»

«Es fragt, ob die Worte von oben nach unten gelesen werden oder waagrecht von links nach rechts.»

Ich war wie vom Donner gerührt; ich sank auf einen Stuhl und sagte mit kraftloser Stimme:

«Ich habe nicht chinesisch telegraphiert. Ebenso wenig japanisch. Nur das Chinesische und Japanische schreibt man von oben nach unten. Und man liest es von oben nach unten. Und man telegraphiert es von oben nach unten!»

«Sehr schön, sehr schön. – Ich telephoniere sofort. Also von links nach rechts?»

«Wenn sie es schon abgeschickt haben. Wie haben sie es denn abgeschickt? Wie?»

«Von oben nach unten.»

Am Ziel.

Am 10. August 1907 kommt die Itala in Paris an. Fahrwerk und Motor pannenfrei. Ein Rad musste in Russland von einem Schmied nachgebaut werden. Ettore hatte seinen Wagen im Griff und verstand es, auf Grund seiner Begabung und der genauen Kenntnisse der Maschine, allfällige Schäden schon im Voraus zu beheben.

Wie in allen grösseren Städten bereitet man Fürst Borghese einen triumphalen Empfang. Schon in China wurden die Abenteurer von den örtlichen Potentaten empfangen. Auch später wurden sie in Palästen untergebracht, die reichsten Häuser baten sie als ihre Gäste zu sich. Man zeigte ihnen die Schönheiten der Stadt. Sie wurden wie Trophäen herumgereicht. Man veranstaltete Bankette für sie und träumte zusammen mit den berühmten Männern von der wunderbaren Zukunft des Automobils.

In Paris ist die halbe Stadt auf den Beinen. 30 Kilometer vor Paris werden die drei Männer von zahlreichen Automobilen abgeholt. Die Dörfer, die Vororte sind voller Menschen, überall wird geklatscht und gejubelt, Zuschauer säumen die Strassen, Radfahrer bilden das Ehrengeleit. Extrablätter und Erinnerungskarten werden angeboten, und je näher sie dem Zentrum kommen, desto schwieriger wird es, sich einen Weg durch die Menge zu bahnen. Die Trottoirs sind schwarz von Menschen, und über den Köpfen bewegt sich ein Gewirr von Händen, Hüten, Taschentüchern und Regenschirmen. Auch von Regenschirmen, denn es regnet, was es vom Himmel kann. Dann biegen sie in den Boulevard Poissonnière, sehen das Bürohaus des «Matin» – ihr Ziel.

Der Fürst bremst. Das Automobil hält. Die Fahrt ist zu Ende!

In wenigen Monaten schreibt Luigi Barzini seinen Reisebericht, der schnell zu einem Bestseller wird. In elf Sprachen übersetzt, in immer neuen Auflagen erreicht er Generationen von Leserinnen und Lesern, und viele, die das Buch in ihrer Jugend gelesen haben, beginnen davon zu träumen, einmal in ihrem Leben von Peking nach Paris zu fahren. Im Automobil.

TEAMS
1-30

1

Spyker
Phaeton *1907*

TECHNISCHE DATEN

– Motor/Antrieb: Vierzylinder (2×2 Zylinderköpfe)
– 4600 cm³ Hubraum
– 20/30 PS
– 3-Gang-Getriebe
– Spitze in km/h: 88
– Reisegeschwindigkeit: 60–70 km/h
– Verbrauch: 16 l/100 km
– Leergewicht: 1360 kg
– Chassis: Kastenrahmen, Stahlblechkarosserie

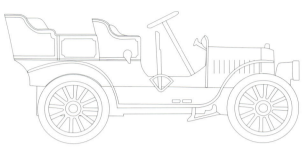

SPEZIALITÄT

Der Spyker Phaeton 1907 von Stijnus Schotte ist weltweit der einzige noch fahrbare Spyker seiner Generation. Die Fahrzeuge der Firma Spyker wurden die «Rolls-Royce des Kontinents» genannt. Schon 1903 bauten sie den ersten Sechszylinder und den ersten 4x4 Antrieb mit Allradbremsen. Zu den Innovationen gehörte auch das Chassis, das die Fahrer wirkungsvoll vor Schmutz und Staub schützte (das so genannte Dustshield-Chassis).

ZUSÄTZLICHE AUFRÜSTUNG FÜR DIE RALLYE

Totalrevision 2005 und 2007, elektronische Zündung. Die Aufbauten und die Bemalung der Karosserie sind eine genaue Kopie des Wagens von 1907 (Zelt und Farben).

FAHRER UND BEIFAHRER

Stijnus Schotte und Hans van der Wouden

«Schon mein Vater war ein grosser Sammler alter Fahrzeuge. Eines seiner schönsten Stücke war der Spyker. Nach seinem Tod übernahm ich die Sammlung und der Spyker wurde mein Lieblingsfahrzeug, auch deswegen, weil mich die Geschichte des Fahrers Charles Godard interessiert, der 1907 Peking–Paris gefahren ist und für mich der eigentliche Sieger ist.»

[Stijnus Schotte]

Rolls-Royce
20 *1926*

TECHNISCHE DATEN

– Motor/Antrieb: Sechszylinder (Reihe)
– 3127 cm³ Hubraum
– PS, keine Firmenangabe, Rolls-Royce begnügte sich mit «ausreichend»
– 4-Gang-Getriebe
– Spitze in km/h: 96
– Reisegeschwindigkeit: 75–80 km/h
– Verbrauch: 15 l/100 km
– Leergewicht: 1620 kg
– Chassis: Stahlblechrahmen mit Aluminium-Aufbau

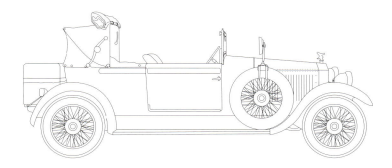

SPEZIALITÄT

Der erste Jahrgang, der mit einem 4-Gang-Getriebe ausgerüstet wurde. Wie damals üblich liess man die Chassisaufbauten bei einem Karosseriespezialisten anfertigen. Nicht jeder Hersteller stand jedoch in der Gunst von Rolls-Royce. Die Vorgaben waren wesentlich strikter als bei anderen Fabrikaten. Wer einen Rolls-Royce erwarb, konnte sicher sein, dass der Wagen nirgends klapperte. Die Karosserie des Wagens stammt vom Genfer Karosseriebauer F. Brichet (1920–1932), der berühmt war für seine Luxuskarossen. Vorne Auto, hinten Kutsche.

ZUSÄTZLICHE AUFRÜSTUNG FÜR DIE RALLYE

Keine.

FAHRER UND BEIFAHRERIN

Kurt Gilg und Dorly Strüby

«Ein Auto ist zum Fahren da. Es wurde vor der Reise von mir persönlich vollständig restauriert. Jetzt wollten wir es wissen, ob wir – es ist unsere erste grosse Reise miteinander –, ob wir und das Auto eine so lange Strecke durch so verschiedene Länder schaffen.»

[Kurt Gilg]

MG
YA *1950*

TECHNISCHE DATEN
– Motor/Antrieb: Vierzylinder (Reihe)
– 1250 cm³ Hubraum
– 54 PS
– 4-Gang-Getriebe
– Spitze in km/h: 110
– Reisegeschwindigkeit: 90 km/h
– Verbrauch: 8 l/100 km
– Leergewicht: 995 kg
– Chassis: Kastenrahmen, Stahlblechkarosserie

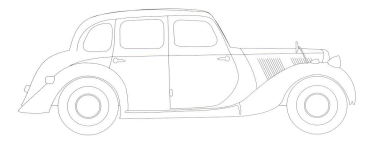

SPEZIALITÄT
Geschmackssicher führte MG 1947 auch eine viertürige Limousine ein, die bis 1953 gebaut wurde. Mit an der B-Säule angeschlagenen Türen zeigte sie sich durchaus zeitgemäss, das robuste Fahrwerk mit vorderer Einzelradaufhängung war sogar modern. Ungewöhnlich waren Teile der Ausstattung, beispielsweise die serienmässig montierten hydraulischen Wagenheber.

ZUSÄTZLICHE AUFRÜSTUNG FÜR DIE RALLYE
Unterbodenschutz, zusätzliche Luftfederung für grössere Bodenfreiheit, Zusatzlüfter für Kühlung, Expansionsgefäss, Unterbrecher freie Zündung, Tempomat, zusätzliches Ersatzrad, Zusatz Benzinfilter.

FAHRER UND BEIFAHRERIN
Robert Braunschweig und Degi Purevdorj
«2001 fuhr ich von Peking nach Paris über die Seidenstrasse mit einem MG A. Für das 100-Jahr-Borghese-Memorial habe ich die Organisation übernommen. Dazu wählte ich einen Wagen, der mehr Platz und etwas mehr Komfort bietet. Über zwei Jahre habe ich die Reise vorbereitet, ich weiss, was uns erwartet. Nun freue ich mich, dass wir demnächst starten.»
[Robert Braunschweig]

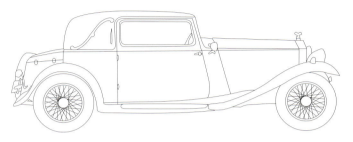

4

Rolls-Royce
20/25 *1933*

TECHNISCHE DATEN

– Motor/Antrieb: Sechszylinder (Reihe)

– 3776 cm³ Hubraum

– 82 PS

– 4-Gang-Getriebe mit Overdrive

– Spitze in km/h: 105

– Reisegeschwindigkeit: 85 km/h

– Verbrauch: 19 l/100 km

– Leergewicht: ca. 2100 kg

– Chassis: Kastenrahmen, Stahlblechkarosserie

SPEZIALITÄT

Rolls-Royce-Besitzer liessen sich chauffieren, mit den Modellen 20 und 20/25 wurden zum ersten Mal Wagen speziell für Selbstfahrer angeboten. Der leistungsstärkere 20/25 war mit fast 4000 gebauten Fahrzeugen der erfolgreichste Rolls-Royce vor dem Krieg. Die Sédanca-de-Ville-Drophead-Coupé-Karosserie stammt von der berühmten Karosseriebauerfirma Park Ward.

ZUSÄTZLICHE AUFRÜSTUNG FÜR DIE RALLYE

Nachträglich eingebauter Overdrive, Recarositze, Luftfederung.

FAHRER UND BEIFAHRER

Klaus und Jutta Metzenauer, ab Irkutsk Christopher Bluemel

«Als wir nach einem passenden Fahrzeug suchten, stiessen wir auf unseren Rolls, der am 26. April 1933 vom Meister der Produktion bei Rolls-Royce abgenommen wurde. Das Datum ist der Geburtstag meiner Mutter, die nicht besonders begeistert ist, dass wir in einem so alten Auto von Peking nach Paris fahren wollen. Mit der erfolgreichen Ankunft nach 16 000 km will ich meiner Mutter beweisen, wie jung sie noch ist.»

[Klaus Metzenauer]

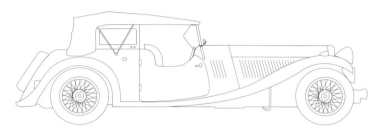

Alvis
Speed 20 *1934*

TECHNISCHE DATEN

— Motor/Antrieb: Sechszylinder (Reihe)
— 2511 cm³ Hubraum
— 90 PS
— synchronisiertes 4-Gang-Getriebe
— Spitze in km/h: 140
— Reisegeschwindigkeit: 80–90 km/h
— Verbrauch: 18 l/100 km
— Leergewicht: 1600 kg
— Chassis: Kastenrahmen, Stahlblech- und Aluminiumkarosserie

SPEZIALITÄT

Der Speed 20 war ein Meilenstein des englischen Tourenwagenbaus. Der Wagen war zwar teuer und erforderte einen routinierten Piloten, brachte jedoch Fahrspass und lag gut auf der Strasse. Als eines der wenigen in England hergestellten Autos verfügte er über Einzelradaufhängung vorne. Wirklich einzigartig war aber das vollsynchronisierte Getriebe, das erste der Welt, welches serienmässig eingebaut wurde. Karosseriedesign von Vanden Plas, Aufbau Aluminium.

ZUSÄTZLICHE AUFRÜSTUNG FÜR DIE RALLYE

Zweiter Benzintank, Einbau von zwei Geheimfächern.

FAHRER UND BEIFAHRER

Andreas Honegger und Edwin Treyer

«Beim Surfen im Internet stiess ich auf die Reise Peking–Paris und wurde ganz aufgeregt. Das ist es, das möchte ich machen. Ich suchte nach einem wirklich guten Auto. Den Alvis fand ich schliesslich in einer Scheune in Kalifornien. 30 Jahre soll er dort gestanden haben, nun ist er frisch restauriert, und Edwin und ich freuen uns, dass es losgeht.»

[Andreas Honegger]

Alvis
Mayfair *1937*

TECHNISCHE DATEN
– Motor/Antrieb: Sechszylinder (Reihe)
– 4387 cm³ Hubraum
– 137 PS
– synchronisiertes 4-Gang-Getriebe
– Spitze in km/h: 165
– Reisegeschwindigkeit: 120 km/h
– Verbrauch: 15 l/100 km
– Leergewicht: ca. 2100 kg
– Chassis: Kastenrahmen, Stahlblechkarosserie

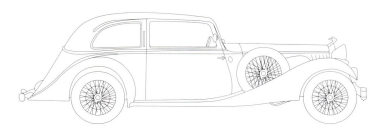

SPEZIALITÄT
Autos der Marke Alvis wurden von 1920 bis 1967 gebaut, sie galten als luxuriös und sportlich und genossen einen guten Ruf. Die Produktion wurde zwei Jahre nach dem Verkauf an Rover eingestellt. Das Fahrzeug ist das letzte noch existierende Coupé des Karossiers Mayfair.

ZUSÄTZLICHE AUFRÜSTUNG FÜR DIE RALLYE
Totalrevision und spezielle Verstärkung des Chassis.

FAHRER UND BEIFAHRERIN
Miguel und Valérie Ernand

«Schon mein Vater besass einen Alvis. Wir mussten diese Reise einfach mit einem Alvis machen, das war für meine Frau und mich gar keine Frage. Natürlich ist es ein Wagnis und vielleicht auch nicht ganz vernünftig, eine so weite Reise mit einem derart speziellen Fahrzeug zu riskieren. Aber einmal im Leben etwas Verrücktes machen, weg, ausbrechen zusammen mit seiner Frau, sich zusammen auf ein Abenteuer einlassen. Das Programm der Reise ist so faszinierend, und: Wenn nicht jetzt, wann dann?»
[Miguel Ernand]

Ford
V8 Cabriolet *1938*

TECHNISCHE DATEN

– Motor/Antrieb: Achtzylinder (V8)

– 3585 cm^3 Hubraum

– 85 PS

– 3-Gang-Getriebe

– Spitze in km/h: 135

– Reisegeschwindigkeit: 80–100 km/h

– Verbrauch: 14 l/100 km

– Leergewicht: 1800 kg

– Chassis: Kastenrahmen, Stahlblechkarosserie

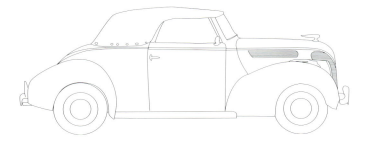

SPEZIALITÄT

Henry Ford sah sich 1929 in arger Bedrängnis: Sein Konkurrent Chevrolet hatte gerade den «International Six» lanciert, einen Wagen mit 3,2-Liter-Reihensechszylinder-Motor. Ford musste nachziehen – und entwickelte die für ihn einzig denkbare Lösung: einen V8. Ein Sechszylinder kam nicht in Frage – es galt, die Konkurrenz zu überbieten. Die charakteristischen, flach konstruierten Zylinderköpfe des 3,6-Liter-Triebwerks hatten dem Motor bald darauf seinen Namen gegeben: Flathead.

ZUSÄTZLICHE AUFRÜSTUNG FÜR DIE RALLYE

Elektrisches Zusatzgebläse für Kühler, Halogenscheinwerfer, hydraulische Bremsen, Umbau der Lenkung von rechts auf links.

FAHRER UND BEIFAHRER

Markus Rauh, David Hove und bis zur Grenze zu Russland Ursula Hove-Rauh

«Markus hatte von dieser Reise erfahren und fragte mich, ob ich ihn begleite. Ohne zu zögern oder zu überlegen, sagte ich spontan zu. Ich suchte für die Reise nach einem Cabriolet, das stark genug war und vor dem 2. Weltkrieg gebaut worden war. Das Ford-Cabriolet kam aus Argentinien und stand bei einem Händler in St. Gallen. Durch Zufall fand ich dann noch eine typengleiche Limousine, und so machte ich zusammen mit meinem Garagisten und Mechaniker aus zwei Fahrzeugen eines. Wir freuen uns sehr auf das Abenteuer und hoffen, dass wir und das Auto den Anforderungen genügen werden.»

[David Hove]

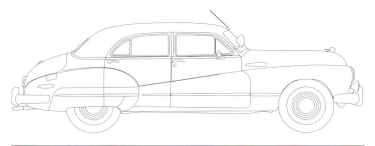

8

Buick
Eight Coupé *1940*

TECHNISCHE DATEN

– Motor/Antrieb: Achtzylinder (Reihe)
– 4000 cm³ Hubraum
– 102 PS
– 3-Gang-Getriebe
– Spitze in km/h: 140
– Reisegeschwindigkeit: 100 km/h
– Verbrauch: 15–20 l/100 km
– Leergewicht: 1780 kg
– Chassis: Kastenrahmen, Stahlblechkarosserie

SPEZIALITÄT

Meilenstein für das Unternehmen war der voluminöse Motor mit im Kopf angebrachten Ventilen. «Valves in Head» war für Jahre der Slogan von Buick. Diese Ventilanordnung sorgte für eine bessere Verbrennung und erlaubte höhere Drehzahlen. Der Motor blieb von 1931 bis 1953 das Zugpferd von Buick und bestimmte den Erfolg der Marke. Vom Sportcoupé, das in den USA als Coupé mit 6 Plätzen (2x3) in den Handel kam, wurden 1940 25 000 Stück produziert. Ein robustes, grosses Auto mit grosser Bodenfreiheit, solid, luxuriös (gehobene Mittelklasse), für lange Reisen bestens geeignet.

ZUSÄTZLICHE AUFRÜSTUNG FÜR DIE RALLYE

Zwei Einzelsitze vorn anstelle der Sitzbank für drei Personen, 100-l-Chromstahltank.

FAHRER UND BEIFAHRER

Peter Rütimann, Michel Zumbrunn und Bruno Keller

«Amerikanische Autos sind relativ günstig, auch in Bezug auf die Beschaffung von Ersatzteilen. Auf der Suche nach einem geeigneten Fahrzeug blieb schliesslich nur dieses übrig. Der Zustand des Wagens, sein Platzangebot und nicht zuletzt die sportliche Form überzeugten mich. Ein guter Wagen für eine Autoreise mit Kultur. Eine Fahrt durch die Mongolei und durch Russland schliessen eine Lücke, ich kenne diese Länder nicht. Zu meinen Vorbereitungen gehört auch, dass ich angefangen habe, Russisch zu lernen.»
[Peter Rütimann]

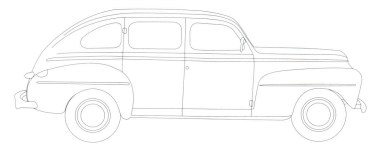

Ford
V8 Sahara *1947*

TECHNISCHE DATEN

– Motor/Antrieb: Achtzylinder (V8)
– 3900 cm³ Hubraum
– 85 PS
– 4-Gang-Getriebe
– Spitze in km/h: 120
– Reisegeschwindigkeit: 80–100 km/h
– Verbrauch: 18–20 l/100 km
– Leergewicht: 1550 kg
– Chassis: Kastenrahmen, Stahlblechkarosserie

SPEZIALITÄT

Eigentlich ist ein Ford ein Auto «ab Stange». 1948 liessen Gustav und Erika von Selve diesen Ford V8 vom Karossier Beutler zu einem Expeditionsfahrzeug umrüsten, zum Beispiel musste der Wagen bis auf einen halben Meter absolut wasserdicht sein. Bis 1963 unternahm das Ehepaar mehrere Expeditionen, danach stand der Wagen 40 Jahre in der Garage. Als diese 2003 geräumt werden musste, schenkte Erika von Selve den Ford V8 De Luxe Sahara dem Swiss Car Register. Es handelt sich um eine Einzelanfertigung.

ZUSÄTZLICHE AUFRÜSTUNG FÜR DIE RALLYE

Komplette mechanische Restauration, zusätzlicher Um- und Ausbau (Zusatztank, Gepäckfach, Funkkonsole, Umbau von 6 auf 12 Volt).

FAHRER UND BEIFAHRERIN

Urs Paul Ramseier und Ruth Freitag

«Als Gründungsmitglieder des Vereins und Mitinitianten des Borghese-Memorials verfügten wir bereits über das geeignete Fahrzeug. Schön, dass der ‹Desert-Fox› nach einer 40-jährigen Pause wieder auf eine Expedition darf und so seine bisherige Expeditionsgeschichte weitergeschrieben wird. Ich freue mich sehr auf die Reise, die für mich ein Neubeginn in jeder Beziehung sein wird.»
[Urs Paul Ramseier]

Chrysler Plymouth P-20 *1949*

TECHNISCHE DATEN

- Motor/Antrieb: Sechszylinder-Flathead-Reihenmotor
- 3500 cm³ Hubraum
- 97 PS
- 3-Gang-Getriebe mit Overdrive
- Spitze in km/h: 125
- Reisegeschwindigkeit: 90–100 km/h
- Verbrauch: 12.5 l/100 km
- Leergewicht: 1635 kg
- Chassis: Kastenrahmen, Stahlblechkarosserie

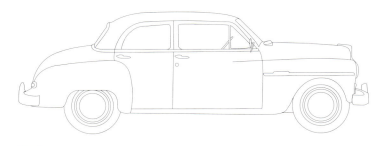

SPEZIALITÄT

1928 liess Chrysler die Marke Plymouth in den populären Klassen gegen Ford und Chevrolet antreten, und dies mit einigem Erfolg. Beim P-20 handelt es sich um ein typisches Familienauto der Nachkriegszeit, 6 Plätze, bequem und praktisch gilt der Wagen als amerikanischer VW. Kriegserprobt und weltberühmt ist sein Flathead-Motor.

ZUSÄTZLICHE AUFRÜSTUNG FÜR DIE RALLYE

10-Gal.-/35-l-Reservetank, verstärkte Federn (Kanter) vorn.

10

FAHRER UND BEIFAHRERIN

Hans F. und Annick Reinhardt

«2000 bin ich mit einem Willys-Overland Stationwagon (1949) von London über die Seidenstrasse nach Peking gefahren, nun interessiert mich die nördliche Variante in Gegenrichtung. Vor allem auf die Städte Sibiriens und Russlands freue ich mich. Wie sichtbar ist die Entwicklung der letzten Jahre, der Sog, den Moskau und St. Petersburg besitzen? Landschaften begeistern mich auch, aber nicht so sehr. Kulturen konzentrieren sich in Städten. Hier sind Entwicklungen ablesbar, wohingegen das Land doch oft von einem gewissen Stillstand geprägt ist.»

[Hans F. Reinhardt]

Citroën
11 B *1949*

TECHNISCHE DATEN

– Motor/Antrieb: Vierzylinder (Reihe)

– 1911 cm³ Hubraum

– 52 PS

– 3-Gang-Getriebe

– Spitze in km/h: 115

– Reisegeschwindigkeit: 80–90 km/h

– Verbrauch: 10–11 l/100 km

– Leergewicht: 1150 kg

– Chassis: selbsttragende Stahlblechkarosserie

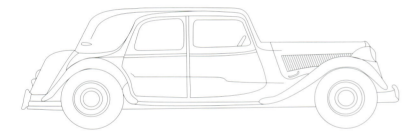

SPEZIALITÄT

Der Unterschied vom Large zum Légère sind die Masse, das Auto ist 12 cm breiter und 21 cm länger. Ein grösserer Radstand verbessert die Federung und bietet mehr Innenraum. Der Traction Avant wurde in verschiedenen Ausführungen gebaut, als Large, als Légère, als Familiale und als Coupé und Cabrio. Dank seiner guten Leistung und seiner guten Strassenlage war er als Fluchtwagen bestens geeignet und ging als «Gangsterwagen» in die Geschichte ein.

ZUSÄTZLICHE AUFRÜSTUNG FÜR DIE RALLYE

Sicherheitsgurten vorne und Sitze mit Kopfstützen (von Citroën XM), von 6 auf 12 Volt umgerüstet, zusätzlicher Kühlventilator elektrisch, Anhängerzugvorrichtung als Unterbodenschutz.

FAHRER UND BEIFAHRERIN

Walter und Christine Grell

«Schon mein Vater fuhr einen Citroën, und auch ich bin ein eingefleischter Citroënfahrer. Den Large nehmen wir mit, damit wir ein bisschen mehr Platz haben. Als Knabe habe ich das Taschenbuch ‹In 60 Tagen von Peking nach Paris› gelesen und immer davon geträumt, diese Fahrt durch die Mongolei einmal zu machen. Dann habe ich Robert kennen gelernt. Meine Frau habe ich einfach vor vollendete Tatsachen gestellt (lacht). Nach kurzem Zögern war sie dann aber ebenso begeistert wie ich. Nun freuen wir uns beide auf ein gemeinsames Abenteuer.»

[Walter Grell]

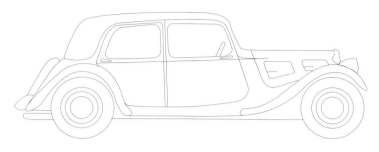

12

Citroën
11 BL *1953*

TECHNISCHE DATEN
– Motor/Antrieb: Vierzylinder (Reihe)
– 1911 cm³ Hubraum
– 56 PS
– 3-Gang-Getriebe
– Spitze in km/h: 120
– Reisegeschwindigkeit: 90 km/h
– Verbrauch: 10–12 l/100 km
– Leergewicht: 990 kg
– Chassis: selbsttragende Stahlblechkarosserie

SPEZIALITÄT
Mit dem Traction Avant gelang Citroën 1934 ein automobiler Meilenstein. Selbsttragende Karosserie, Frontantrieb («Ein Auto muss gezogen werden, ein Pferd stösst seinen Wagen auch nicht.» André Citroën), ohv-Motor, Drehstab-Federung, Einzelradaufhängung der Vorderräder, *«Moteur flottant»*.

ZUSÄTZLICHE AUFRÜSTUNG FÜR DIE RALLYE
Keine.

FAHRER UND BEIFAHRER
Hans-Rudolf Flückiger und Peter Käser

«Eigentlich wollte ich die Reise mit meinem Citroën ID machen, ich fragte meinen Garagisten Hans-Rudolf, ob er Lust habe, diese Reise zusammen mit mir zu machen. Hans-Rudolf schlug mir dann allerdings vor, die Reise mit einem älteren Citroën zu wagen, und wir entschlossen uns für einen Légère. Mein Wunsch war es, noch einmal eine so grosse Reise zu machen. Ich bin jetzt 78 Jahre alt, einmal im Leben wollte ich über eine Distanz von weit über 10 000 km durch Landschaften fahren, durch Gegenden, die kaum besiedelt sind. Durch die Mongolei, durch Sibirien. Darauf freue ich mich.»
[Peter Käser]

13

Rolls-Royce Silver Ghost *1913*

TECHNISCHE DATEN

– Motor/Antrieb: Sechszylinder (Reihe)
– 7428 cm³ Hubraum
– 60 PS
– 3-Gang-Getriebe
– Spitze in km/h: 100
– Reisegeschwindigkeit: 60–70 km/h
– Verbrauch: 25 l/100 km
– Leergewicht: ca. 2200 kg
– Chassis: Kastenrahmen, Stahlblechkarosserie

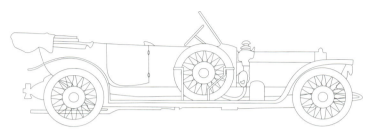

SPEZIALITÄT

«The best Car in the World», lautete der Anspruch an die neuen Modelle von Rolls-Royce, die unter der Bezeichnung «Silver Ghost» von 1906 bis 1926 gebaut wurden. Zum Namen Silver Ghost kam es 1907, als ein von Barker karossierter 40/50 H.P. mit einem polierten Chassis und versilberten Blechteilen nicht nur auf Messen Aufsehen erregte, sondern sich auf langen Zuverlässigkeitsfahrten einen ausgezeichneten Ruf erwarb. Nach einem 15 000-Meilen-Trip mussten Mechaniker lediglich Ersatzteile im Wert von zwei Pfund auswechseln.

ZUSÄTZLICHE AUFRÜSTUNG FÜR DIE RALLYE

Keine.

FAHRER UND BEIFAHRERIN

Gerhard Weissenbach und Anna Nun

«Ich bin Peking–Paris schon 1997 einmal gefahren. Als ich von dem Borghese-Memorial hörte, war ich lange Zeit hin- und hergerissen. Den Ausschlag dafür, dass wir uns angemeldet haben, gab schliesslich Anna, die das Abenteuer nur aus meinen Erzählungen kennt und es nun zusammen mit mir wiederholen möchte.»
[Gerhard Weissenbach]

Mercedes-Benz
220 Cabriolet A *1953*

TECHNISCHE DATEN

- Motor/Antrieb: Sechszylinder
  (Reihe, obenliegende Nockenwelle)
- 2195 cm³ Hubraum
- 80 PS
- synchronisiertes 4-Gang-Getriebe
- Spitze in km/h: 140
- Reisegeschwindigkeit: 100–120 km/h
- Verbrauch: 12 l/100 km
- Leergewicht: ca. 1400 kg
- Chassis: Rohrrahmen, Stahlblechkarosserie

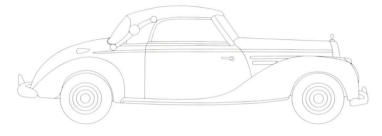

SPEZIALITÄT

Die Cabriolets von Mercedes waren und sind Raritäten. Jährlich wurden im Werk in Sindelfingen auf Bestellung 100 bis 150 handgebaute Automobile ausgeliefert. Das Cabriolet A war immer zweisitzig, das Cabriolet B viersitzig, die beiden Edelversionen wirkten allerdings wie Relikte aus den 30er-Jahren und sprachen nur einen kleinen Kundenkreis an. Heute gehört der Wagen zu den gesuchten Klassikern, erfordert aber auf Grund des grossen Handarbeitsanteils von jedem Restaurateur genaue Kenntnisse und grosses Können. Wer Gelegenheit hat, sich ein solches Fahrzeug genauer anzuschauen, wird immer wieder überrascht feststellen, wie liebevoll der Wagen bis in kleinste Details ausgetüftelt und gearbeitet ist.

ZUSÄTZLICHE AUFRÜSTUNG FÜR DIE RALLYE

Spezialbereifung für Offroadeinsatz.

FAHRER UND BEIFAHRERIN

Manuel und Katharina Aeby

«Das Fahrzeug gehörte fast 40 Jahre einer Fabrikantenfamilie in Muttenz/BL und ist seit 2001 in unserem Besitz. Als uns Lilo und Stephan von der Oldtimerreise Peking–Paris erzählten, waren wir derart begeistert, dass wir uns innerhalb von zwei Tagen entschlossen mitzufahren. Hauptmotiv der Reise war nicht das Autofahren. Uns interessierten vielmehr der Schnitt von Alltag und Beruf sowie das vorübergehende Leben in neuen Rhythmen und Bedingungen.»

[Manuel und Katharina Aeby]

14

Jeep
Willys CJ 3B *1954*

TECHNISCHE DATEN

– Motor/Antrieb: Vierzylinder (Reihe)
– 2199 cm³ Hubraum
– 60 PS
– 3 Vorwärts- und 1 Rückwärtsgang mit zuschaltbarem Vorderradantrieb und Untersetzung fürs Gelände
– Spitze in km/h: 100
– Reisegeschwindigkeit: 80 km/h
– Verbrauch: 12–15 l/100 km
– Leergewicht: 1020 kg
– Chassis: offene Stahlblechkarosserie auf Längsträgern

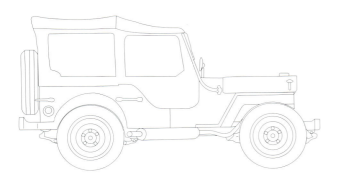

SPEZIALITÄT

In der Schweizer Armee trat der Armee-Jeep Willys ab 1945 in Dienst. Aktenkundig sind zahlreiche Käufe der Schweizer Armee aus der Aktion Surplus vom amerikanischen «Office of Foreign Liquidation». Bis 1972 beschaffte die Schweizer Armee zahlreiche Fahrzeuge des *«Universal-Jeeps»*, der als Standardfahrzeug für alle Truppengattungen eingeführt wurde.

ZUSÄTZLICHE AUFRÜSTUNG FÜR DIE RALLYE

2 Zusatzkanister à 20 l, geschlossenes Verdeck, 1 Zusatzbatterie 6 V und Umwandler 12 V für Funk und Navigation, Sitzbank hinten zugunsten eines abschliessbaren Kofferraums herausgenommen, Motorraum mit Schlössern gesichert, Aussenspiegel rechts Lastwagengrösse.

FAHRER UND BEIFAHRER

Christian Neidhart und Claude Pérusset

«Ich verstehe Peking–Paris als Herausforderung und habe lange überlegt, mit welchem Fahrzeug diese Reise ohne Probleme zu meistern ist. Schliesslich wollen wir uns nicht nur mit dem Auto beschäftigen, sondern auch etwas von den besuchten Ländern und ihren Menschen erfahren.»
[Christian Neidhart]

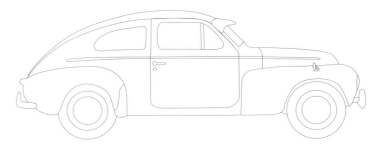

16

Volvo
444 *1957*

TECHNISCHE DATEN

– Motor/Antrieb: Vierzylinder (Reihe)

– 1585 cm³ Hubraum

– 60 PS

– 4-Gang-Getriebe

– Spitze in km/h: 130

– Reisegeschwindigkeit: 90–100 km/h

– Verbrauch: 8 l/100 km

– Leergewicht: 975 kg

– Chassis: selbsttragende Stahlblechkarosserie

SPEZIALITÄT

Als das Modell 1944 auf den Markt kam, sprach die hochmoderne Konstruktion mit selbsttragender Karosserie ein breites Publikum an und fand, trotz seiner nicht gerade eleganten Erscheinung, als «Buckelvolvo» in 14 Produktionsjahren viele Freunde. Der Wagen von Monique und Alain hat bereits 4 Gänge, er war für den Export in die USA gebaut, und dort gehörte ein 4-Gang-Getriebe 1957 bereits zum Standard.

ZUSÄTZLICHE AUFRÜSTUNG FÜR DIE RALLYE

Totalrevision des Fahrzeugs, auf 12 Volt aufgerüstet, bessere Sitze aus einem Volvo 121.

FAHRER UND BEIFAHRERIN

Alain und Monique Roethlisberger

«Als ich von dieser Reise hörte, davon träumte, schliesslich mit Monique darüber diskutierte, war letztlich sie es, welche die Reise machen wollte. Eine Reise, die man nur einmal macht. China, die Mongolei, Sibirien, neun Wochen unterwegs. Das ist schon etwas Besonderes. Also begannen wir mit der Suche nach einem soliden, normalen Fahrzeug mit einer schönen Karosserie, für das es noch genügend Ersatzteile gibt.»

[Alain Roethlisberger]

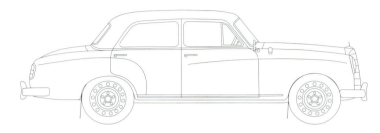

17

Mercedes-Benz
190 Ponton *1958/Rallye*

TECHNISCHE DATEN

– Motor/Antrieb: Vierzylinder (Reihe)
– 1988 cm³ Hubraum
– 115 PS
– 4-Gang-Getriebe
– Spitze in km/h: 139
– Reisegeschwindigkeit: 95 km/h
– Verbrauch: 11 l/100 km
– Leergewicht: 1110 kg
– Chassis: selbsttragende Stahlblechkarosserie

SPEZIALITÄT

Als einer der letzten deutschen Hersteller vollzog Mercedes den Schritt von der Rahmenkonstruktion zur geräumigeren und strömungsgünstigeren Pontonkarosserie in selbsttragender Bauweise. Karosserie und Fahrwerk wurden vom Mercedes 180 übernommen, neu waren der Hängeventilmotor und verbesserte Bremsen. Der Wagen wurde weltweit als Taxi eingesetzt, viele liefen über 1 Million Kilometer.

ZUSÄTZLICHE AUFRÜSTUNG FÜR DIE RALLYE

Ausbau gemäss Tropenausrüstung, Überrollbügel, verstärkte Federn, Unterfahrschutz für Motor, Getriebe und Hinterachse. Mercedes versah seine Rallyefahrzeuge immer mit farbigem Dach: rot, weiss, gelb oder blau. Wir wählten für das Borghese-Memorial die Farbe Gelb.

FAHRER UND BEIFAHRERIN

Stephan und Lilo Kestenholz

«Wir entschieden uns für den Mercedes 190 auf Grund seiner Erfolgsgeschichte und wollten dieser mit unserer Teilnahme an der Rallye 2007 noch ein kleines Kapitelchen beifügen (schmunzelt). Wichtiger als die Autoreise ist mir allerdings, dass meine Frau und ich wieder einmal Zeit haben für eine so lange, gemeinsame und abenteuerliche Reise.»
[Stephan Kestenholz]

Austin Healey
3000 MK I BT7 *1959*

TECHNISCHE DATEN

– Motor/Antrieb: Sechszylinder (Reihe)

– 2912 cm³ Hubraum

– 124 PS

– 4-Gang-Getriebe mit Overdrive

– Spitze in km/h: 180

– Reisegeschwindigkeit: 140 km/h

– Verbrauch: 13–15 l/100 km

– Leergewicht: 1080 kg

– Chassis: Kastenrahmen, Stahlblech

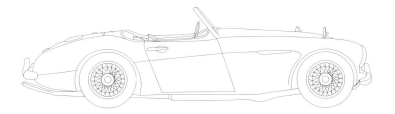

SPEZIALITÄT

Der Austin Healey 3000 MK I ersetzte 1959 seinen überaus erfolgreichen Vorgänger, gänzlich neu war der 3-Liter-Motor, der die alte 2,6-Liter-Maschine ablöste. Kopie eines Werk-Rallyewagens von Austin Healey, Hardtop mit Lüftungsklappe, Seitenauspuff, Kofferraumdeckel für 2 Reserveräder und spezieller Grill (Löffel richten den Fahrtwind zur besseren Kühlung auf den Radiator).

ZUSÄTZLICHE AUFRÜSTUNG FÜR DIE RALLYE

Ölwanne von 6 auf 12 l vergrössert und höher gelegt, Schutzbleche für den Unterboden, Verstärkung des Chassis, Überrollbügel, Kabelbaum und Bremsleitungen nach innen verlegt, Teleskop-Stossdämpfer, normale Stossdämpfer und Luftbälge. Als Stelvio RS in Australien aufbereitet.

FAHRER UND BEIFAHRER

Marco Trevisan und Jean-Philippe Rickenbach

«Am 2. Weihnachtstag 2005 rief mich Jean-Philippe an und fragte, ob ich mit ihm von Peking nach Paris fahren würde. Selbstverständlich mit einem Healey. Eine Herausforderung, die ich sofort angenommen habe. Alle Healey-Kenner sagten: ‹Ihr seid wahnsinnig. So etwas schafft ein Healey nie.›»
[Marco Trevisan]

Volvo
PV 544 B20 *1961*

TECHNISCHE DATEN

– Motor/Antrieb: Vierzylinder (Reihe)

– 1985 cm³ Hubraum

– 95 PS

– 4-Gang-Getriebe

– Spitze in km/h: 150

– Reisegeschwindigkeit: 90–110 km/h

– Verbrauch: 7–8 l/100 km

– Leergewicht: 975 kg

– Chassis: selbsttragende Stahlblechkarosserie

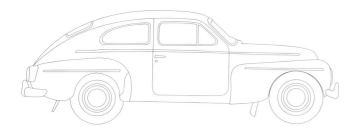

SPEZIALITÄT

Mehr Platz im Innenraum und ein neu gestaltetes Armaturenbrett waren neben der ungeteilten Heckscheibe die wesentlichen Unterschiede zum Vorgänger 444. Trotzdem ist die stärkere Version, die sich als äusserst robust und langlebig erwies, an der Legendenbildung des «Buckelvolvos» massgeblich beteiligt. In den Fünfzigern ein Rallye-Favorit.

ZUSÄTZLICHE AUFRÜSTUNG FÜR DIE RALLYE

Keine.

FAHRER UND BEIFAHRERIN

Josef und Yvonne Scherer

«Wir sind beide keine Autofreaks. Freunde machten uns auf diese Reise aufmerksam, wir schauten uns die Ausschreibung im Internet an. Das Memorial stand nicht im Vordergrund, uns interessierten die Länder und Kulturen, und da eine Fahrt durch die Mongolei nicht so ohne Weiteres möglich ist, bestimmt nicht als Einzelreisende, entschlossen wir uns mitzufahren. Der Weg ist das Ziel. Ein Auto, das die Teilnahmebedingungen erfüllt, haben wir im Internet gesucht und gefunden. Nach der Reise werden wir es wieder verkaufen.»

[Yvonne Scherer]

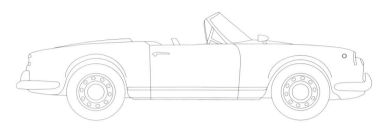

20

Alfa Romeo
Giulietta Spider *1962*

TECHNISCHE DATEN

– Motor/Antrieb: Vierzylinder (Reihe)

– 1290 cm³ Hubraum

– 90 PS

– 4-Gang-Getriebe

– Spitze in km/h: 155

– Reisegeschwindigkeit: 110 km/h

– Verbrauch: 7 l/100 km

– Leergewicht: 900 kg

– Chassis: selbsttragende Stahlblechkarosserie

SPEZIALITÄT

Erstes Grossserien-Cabrio von Alfa Romeo (Design: Pinin Farina), Motorblock und Zylinderkopf aus Gewichtsgründen komplett aus Aluminium gegossen, 2 oben liegende Nockenwellen, wie sie heute noch gebaut werden, Motor des 20. Jahrhunderts, in den 50er- und 60er-Jahren führend, die einfache und robuste Mechanik, die Wendigkeit und seine Sportlichkeit machten das *«offene Julchen»* mit seinem eleganten Blechkleid zu einem Meisterwerk italienischer Autobauer. Perfektes Cabrio-Feeling, das Verdeck verschwindet im geöffneten Zustand hinter den beiden Passagieren.

ZUSÄTZLICHE AUFRÜSTUNG FÜR DIE RALLYE

Keine.

FAHRER UND BEIFAHRER

Alfons Klaus und Beat Bluntschli, ab Ulan Bator Peter Höner

«Zu einem Memorial der Rallye Peking–Paris gehört ein italienisches Auto, schliesslich wurde die Rallye 1907 von Fürst Borghese und seiner Itala gewonnen. Für mich als Inhaber einer Alfa-Romeo-Garage war die Wahl des Autos keine Frage. Was mich zusätzlich reizte, war die lange Strecke im offenen Wagen. Im Fahrtwind von Peking nach Paris.»

[Alfons Klaus]

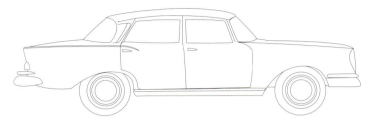

21

Mercedes-Benz 220SEb *1965*

TECHNISCHE DATEN

– Motor/Antrieb: Sechszylinder (Reihe)
– 2195 cm³ Hubraum
– 120 PS
– 4-Gang-Getriebe
– Spitze in km/h: 172
– Reisegeschwindigkeit: 100–120 km/h
– Verbrauch: 13 l/100 km
– Leergewicht: 1380 kg
– Chassis: selbsttragende Stahlblechkarosserie

SPEZIALITÄT

Ein Mercedes aus Detroit. Konservative Mercedeskäufer hatten mit der Heckflossenbaureihe ihre liebe Mühe, sie sei zu amerikanisch. Zu den stilistischen Merkmalen gehörten neben den modischen Flossen die Hochkantscheinwerfer und der aufrecht stehende Balkentacho. Nach dem 300 SL war der 220 SEb der erste Grosserienmotor mit Einspritzung.

ZUSÄTZLICHE AUFRÜSTUNG FÜR DIE RALLYE

Stärkere Federn und 15-Zoll-Räder anstelle der originalen 13-Zoll-Räder, um mehr Bodenfreiheit zu gewinnen.

FAHRER UND BEIFAHRERIN

Wolfgang und Ute Traut

«*Barzinis Buch ‹Peking–Paris im Automobil›, das ich als Junge gelesen hatte, weckte meine Abenteuerlust. Seither träumte ich davon, eine solche Reise auch einmal machen zu können. Als meine Frau und ich von diesem Memorial hörten, entschlossen wir uns, den Traum Wirklichkeit werden zu lassen. Wir entschieden uns für den Mercedes 220 SEb, nicht nur, weil er berühmt ist für seine Zuverlässigkeit und robuste Konstruktion, sondern auch, weil er gross und bequem ist, ein idealer Reisewagen.*»
[Wolfgang Traut]

Mercedes
230 SL *1964*

TECHNISCHE DATEN

– Motor/Antrieb: Sechszylinder (Reihe)

– 2306 cm³ Hubraum

– 150 PS

– 4-Gang-Getriebe

– Spitze in km/h: 200

– Reisegeschwindigkeit: 150 km/h

– Verbrauch: 10–11 l/100 km

– Leergewicht: 1295 kg

– Chassis: selbsttragende Stahlblechkarosserie

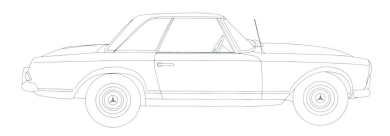

SPEZIALITÄT

Das auffälligste Detail – die Krümmung seines Hardtops erinnerte die Betrachter an die Dachform japanischer Tempelbauten – gab dem Wagen seinen Spitznamen: Pagode. Anfänglich galt das Auto eher als unspektakulär, überzeugte aber auf Dauer durch seine elegante Zeitlosigkeit. Das Modell 230 SL überzeugte die Kritiker seines Vorläufers durch seine Fahrleistungen auf Sportwagenniveau.

ZUSÄTZLICHE AUFRÜSTUNG FÜR DIE RALLYE

Ölwannenschutz, Rallyereifen, Sicherheitsgurte und Kopfstützen.

FAHRER UND BEIFAHRER

Marcel Lüthi und Dieter Beer

«*Ich erfuhr auf einer Grillparty von dieser Reise und war so begeistert, dass ich mich entschloss mitzufahren. Das Problem war, ich hatte kein passendes Fahrzeug, worauf mir ein Freund noch am gleichen Abend seinen Mercedes anbot. Was mich freilich mehr interessiert als das Auto, ist die Reise. Eine Reise als Gesamtkunstwerk. Distanz, Länder, Kulturen, Orte und Begegnungen, Gruppendynamik, alles zusammen bietet die Chance, eine Erfahrung zu machen, wie man sie vielleicht nur einmal im Leben erhält.*»

[Dieter Beer]

Triumph
TR4 *1965*

TECHNISCHE DATEN

- Motor/Antrieb: Vierzylinder (Reihe)
- 2138 cm³ Hubraum
- 104 PS
- 4-Gang-Getriebe
- Spitze in km/h: 174
- Reisegeschwindigkeit: 100 km/h
- Verbrauch: 12 l/100 km
- Leergewicht: 1015 kg
- Chassis: Kastenrahmen, Stahlblechkarosserie

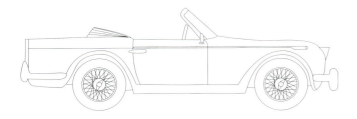

SPEZIALITÄT

Die britisch-italienische Allianz feiert mit dem TR4 einen ihrer grössten Erfolge. Eine Besonderheit des vom Turiner Michelotti gezeichneten Roadsters waren die in die Motorhaube ragenden Hutzen über den Scheinwerfern. Kritisiert wurde vor allem das Fahrverhalten des knochenharten Starrachsers. Zum Modelljahrgang 1965 führte Triumph daher eine hintere Einzelradaufhängung ein. Eine mittlere Sensation, wenn man bedenkt, dass zum Beispiel ein Ferrari 330 GT immer noch mit einer Starrachse unterwegs war.

ZUSÄTZLICHE AUFRÜSTUNG FÜR DIE RALLYE

Rallyeausrüstung, verbesserte Stossdämpfer, Bodenschutzblech.

FAHRER UND BEIFAHRERIN

Anton und Kathrin Mosimann

«*Wind um die Ohren. Wir wollten ein sportliches Auto, das Spass macht. Anderseits aber auch ein zuverlässiges Vehikel, eine Nähmaschine, die hält, was sie verspricht. Natürlich freuen wir uns auf die ungewöhnliche Autofahrt, aber noch mehr interessieren mich die Länder und Kulturen, die wir besuchen. Fremden Köchen über die Schultern schauen, Kollegen, Menschen und Märkte besuchen.*»

[Anton Mosimann]

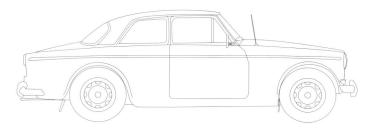

24

Volvo
122 S *1965*

TECHNISCHE DATEN

– Motor/Antrieb: Vierzylinder (Reihe)

– 1780 cm³ Hubraum

– 85 PS

– 4-Gang-Getriebe mit Overdrive

– Spitze in km/h: 155

– Reisegeschwindigkeit: 110 km/h

– Verbrauch: 10–11 l/100 km

– Leergewicht: 1100 kg

– Chassis: selbsttragende Stahlblechkarosserie

SPEZIALITÄT

Um Sportlichkeit und Dynamik eines Autos nicht ganz der Konkurrenz zu überlassen, ergänzte Volvo das Amazon-Angebot mit einer leistungsfähigeren Ausführung, dem 122 S. Für das Konzept spricht, dass ein 122 S auch heute noch zu den beliebtesten, weil alltagstauglichen Klassikern zählt.

ZUSÄTZLICHE AUFRÜSTUNG FÜR DIE RALLYE

Fahrwerk erhöht, einstellbare Luftfederung an der Hinterachse, elektrisches Schiebedach, elektrische Anlage, alles einzeln abgesichert, Unterbodenschutz montiert. Zweiklanghorn eines Alfa Romeos.

FAHRER UND BEIFAHRER

Hans Burkhardt und Hans Waibel

«Wir suchten ein sicheres Auto, in dem wir beide genug Platz haben. Unsere Oldtimer lassen wir zu Hause. Ich bin fasziniert vom Sicherheitsstandard, den diese Autos schon damals boten, lange vor Anschnallpflicht und Airbags. Trotzdem ist ein Volvo auch ein Auto, das im Notfall, wenn es kaputtgehen sollte, auch zurückgelassen werden kann. Wir wollen es nicht hoffen, aber das Spannende einer solchen Reise ist ja nicht das Auto, sondern das Er-Fahren.»

[Hans Waibel]

25

Volvo
121 B18 *1966*

TECHNISCHE DATEN

– Motor/Antrieb: Vierzylinder (Reihe)
– 1780 cm³ Hubraum
– 72 PS
– 4-Gang-Getriebe mit Overdrive
– Spitze in km/h: 153
– Reisegeschwindigkeit: 100 km/h
– Verbrauch: 9 l/100 km
– Leergewicht: 1100 kg
– Chassis: selbsttragende Stahlblechkarosserie

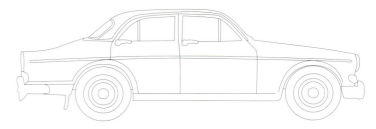

SPEZIALITÄT

Eigentlich sollte das Auto den Namen «Amazon» erhalten, doch der Mopedhersteller Kreisler benutzte den Namen bereits für eines seiner Modelle und hatte ihn rechtlich schützen lassen. Im Volksmund blieb der Name allerdings geläufig. Technisch unterschied sich der 121 nur geringfügig vom Buckelvolvo, doch das schadete dem grundsoliden Fahrzeug nicht.

ZUSÄTZLICHE AUFRÜSTUNG FÜR DIE RALLYE

Hydraulische Stossdämpfer.

FAHRER UND BEIFAHRER

Gottlieb Brändli und Meinrad Frey

«Eigentlich wollte ich das Auto wegen Platzproblemen verkaufen. Ich machte ein Inserat. Ein Interessent fragte mich, ob das Auto imstande sei, von Peking nach Paris zu fahren. Ich witzelte, warum nicht von Paris nach Peking? So erfuhr ich von der Rallye Peking–Paris, und je länger ich darüber nachdachte, desto klarer wurde mir, dass ich diese Rallye gern selber fahren würde, mit meinem Volvo, für den ich keinen Platz mehr hatte. Schliesslich habe ich mich, anstatt das Auto zu verkaufen, für das Borghese-Memorial angemeldet.»

[Gottlieb Brändli]

Volvo
P221 Amazon Kombi Estate
1966

TECHNISCHE DATEN

– Motor/Antrieb: Vierzylinder (Reihe)

– 1780 cm^3 Hubraum

– ca. 95 PS

– 4-Gang-Getriebe mit Overdrive

– Spitze in km/h: 160

– Reisegeschwindigkeit: 130 km/h

– Verbrauch: 10 l/100 km

– Leergewicht: 1200 kg mit Ersatzteilen

– Chassis: selbsttragende Stahlblechkarosserie

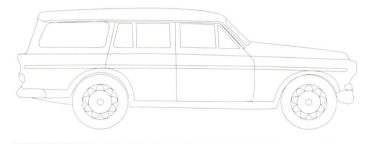

SPEZIALITÄT

«Volvo», lateinisch «ich rolle». Das Pendant zum Werbeslogan von VW «läuft und läuft und läuft» und in Bezug auf Haltbarkeit, Sicherheit und überdurchschnittlichen Rostschutz dem Volkswagen sogar überlegen. Der «VW des Nordens». Begehrter Kombi der erfolgreichen Amazon-Modellreihe. Als praktische Besonderheit erwies sich die horizontal zweigeteilte Heckklappe. Grosse Liegefläche, nicht unbedingt ein Lastesel, aber mit seiner komfortablen Ausrüstung ein praktischer Reisewagen für die ganze Familie.

ZUSÄTZLICHE AUFRÜSTUNG FÜR DIE RALLYE

Steinschlagschutz unter Motor und Getriebe, Wagen höher gelegt.

FAHRER UND BEIFAHRERIN

Sebastian C. Schröder und Ursula Klar Schröder

«Wir suchten ein unauffälliges, zuverlässiges Auto, das keine Begehrlichkeiten weckt, einfach gebaut ist und überall leicht und ohne Spezialwerkzeuge repariert werden kann. Ein Standardfahrzeug. Nachdem ich mich ursprünglich für die Rallye der Engländer angemeldet hatte, gab ich dem Mix aus ‹Auto und Kultur› gegenüber der reinen Rallye-Raserei den Vorzug, zumal mich daraufhin meine Frau begleitete, die für eine klassisch-sportliche Rallye nicht zu begeistern war.»

[Sebastian C. Schröder]

MG
A *1961*

TECHNISCHE DATEN

- Motor/Antrieb: Vierzylinder (Reihe)
- 1622 cm³ Hubraum
- 90 PS
- 4-Gang-Getriebe
- Spitze in km/h: 165
- Reisegeschwindigkeit: 90–110 km/h
- Verbrauch: 12 l/100 km
- Leergewicht: 985 kg
- Chassis: Kastenrahmen, Stahlblechkarosserie

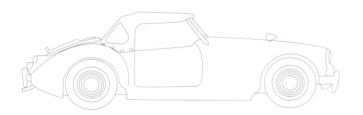

SPEZIALITÄT

Der MG mit der schlichten Modellbezeichnung A avancierte zum meistverkauften britischen Sportwagen in der zweiten Hälfte der fünfziger Jahre. Für Erfolg sorgte neben dem gelungenen Aussehen die zweckorientierte Technik mit robusten Motoren und einem narrensicheren Fahrwerk. Platzangebot und Ausrüstung dürfen freilich als spartanisch bezeichnet werden und widersprechen dem gequälten Aufstöhnen der MG-Fundis, die 1955 die schwungvolle Karosserie als Sportwagen für Girlies und Weicheier brandmarkteten.

ZUSÄTZLICHE AUFRÜSTUNG FÜR DIE RALLYE

Die vorderen Spiralfedern wurden durch kompressorgesteuerte Luftbälle ersetzt und die hintere Federung mit denselben zusätzlich verstärkt. Dadurch konnte eine grössere Bodenfreiheit erreicht werden, wie sie für die Rallye verlangt wurde.

FAHRER UND BEIFAHRERIN

Peter Hunziker und Fernande Heiniger

«Seit 1970 bin ich Besitzer dieses Wagens, und so langsam stellte sich die Frage, was wir mit ihm machen. Eine Beauty oder ein Auto, das zum Fahren da ist? Wir entschieden uns, Motor, Getriebe, Aufhängung, Chassis überholen zu lassen, um wieder ein sicheres und robustes Fahrzeug zu haben. Als wir von dieser Rallye hörten, entschlossen wir uns innerhalb von 24 Stunden, daran teilzunehmen.»
[Peter Hunziker]

28

Jeep
Willys Utility *1960*

TECHNISCHE DATEN

– Motor/Antrieb: Sechszylinder (Reihe)

– 3698 cm³ Hubraum

– 110 PS

– 4-Gang und Untersetzung, 4x4

– Spitze in km/h: 104

– Reisegeschwindigkeit: 80–90 km/h

– Verbrauch: 14 l/100 km

– Leergewicht: ca. 2500 kg

– Chassis: Kastenrahmen, Stahlblechkarosserie

SPEZIALITÄT

Der Station Wagon ist zu einer Ikone der amerikanischen Automobilkultur geworden und hatte seinen festen Platz im *«American Way of Drive»*. 1946 führte Willys den ersten komplett aus Stahlblech gefertigten Station Wagon ein. Ein Wagen mit Platz bis zu 7 Personen. 1949 erhielt er einen Allradantrieb und einen 6-Zylinder-Motor. Dieser Jeep wurde bis 1965 gebaut und Panel Delivery 4-63, auch Sedan Delivery und später Utility Delivery genannt.

ZUSÄTZLICHE AUFRÜSTUNG FÜR DIE RALLYE

Zusatztank (80 l), Entfernung der hinteren Sitzplätze, spezielle Sitze.

FAHRER UND BEIFAHRER

Hans-Peter Weidmann und Michael Drayton

«Eine Fahrt von einem Kontinent in den anderen. Was mich reizt, ist die immense Strecke, die weissen Flecken meiner persönlichen Weltkarte. Zu schauen, zu riechen, zu erleben. Fremde Menschen und ihre Kulturen, Landschaften, von denen ich nichts weiss, zu erfahren. Buchstäblich: Lücken zu füllen. Dass aus Stichworten Geschichten werden.»
[Hans-Peter Weidmann]

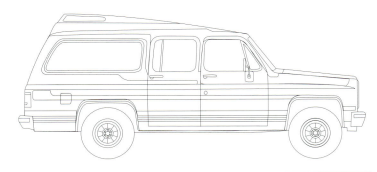

29

Chevrolet Suburban *1991* (Begleitfahrzeug)

TECHNISCHE DATEN

- Motor/Antrieb: Achtzylinder (V8)
- 5739 cm³ Hubraum
- 210 PS
- 4-Gang-Automatik, 4×4
- Spitze in km/h: 180
- Reisegeschwindigkeit: 100–110 km/h
- Verbrauch: 13,5 l/100 km
- Leergewicht: 2600 kg
- Chassis: Kastenrahmen, Stahlblechkarosserie

SPEZIALITÄT

Der Chevrolet Suburban ist eines der traditionsreichsten Fahrzeuge von Chevrolet. Die erste Version des grossen, schweren Wagens wurde bereits 1936 gebaut. Er ist bis heute ein viel genutztes Polizei- und Militärfahrzeug in den USA. Ein Pickup mit Abdeckung. Intern rangiert der Suburban als grösster Geländewagen und wird in sehr vielen Varianten mit allen möglichen Ausstattungslinien und drei Motorisierungen angeboten.

ZUSÄTZLICHE AUFRÜSTUNG FÜR DIE RALLYE

Zusätzliche Endschalldämpfer, Stossdämpfer, Aufbau, um das Ladevolumen zu vergrössern.

FAHRER UND BEIFAHRER

Roman Vettiger und Mustafa Eldeniz

«Als Begleitteam brauchten wir einen starken, zuverlässigen Wagen, der sich auch als Abschleppwagen schwerer Fahrzeuge, wie dies alte Fahrzeuge schnell einmal sind, noch einsetzen lässt. Natürlich bleibt eine solche Reise immer ein Abenteuer, aber man muss die Risiken einschränken, ohne das Angebot einzuschränken, und zu einem vernünftigen Preis. Dafür ist für mich Robert der beste Garant. Ich kenne ihn und weiss, wie sorgfältig er die Reise vorbereitet hat. Das war für mich ausschlaggebend.»
[Roman Vettiger]

Iveco
W40-10 *2000*
(Begleitfahrzeug)

TECHNISCHE DATEN

– Motor/Antrieb: Vierzylinder (Reihe)
– 2798 cm³ Hubraum
– 110 PS
– 5-Gang und Untersetzung
– Spitze in km/h: 110
– Reisegeschwindigkeit: 80–90 km/h
– Verbrauch: 12–13 l/Diesel/100 km
– Leergewicht: 2350 kg
– Chassis: Kastenrahmen, Stahlblechkarosserie

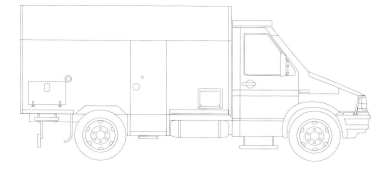

SPEZIALITÄT

Der Iveco Daily wurde von OM übernommen und änderte bei gleich bleibender, eckiger Form nur den Herstellernamen. Damals wurden nebst dem Dieselmotor Typ 8140 auch noch Benzinmotoren verbaut. Der Daily II startete dann mit einer total überarbeiteten Kabine und Verbesserungen am Motor 8140.

ZUSÄTZLICHE AUFRÜSTUNG FÜR DIE RALLYE

Das Fahrzeug wurde schon für frühere Reisen ausgebaut und hergerichtet. Verstärkung der Abschlepp- und Transportmöglichkeiten.

FAHRER UND BEIFAHRER

Jörg Dünki und Hans Rudolph Schäfer

«Eigentlich sollte ich ja als Beifahrer mit auf die Reise gehen, aber dann brauchten wir für die Reise einen Reparatur- und Abschleppwagen. An der Reise interessiert mich die Mischung. Kultur, Natur, die Strecke, aber auch die Gruppendynamik. Wir sind 30 Teams, über neun Wochen unterwegs, wir kennen uns kaum. Wie finden wir zusammen? Finden wir überhaupt zusammen? Das interessiert mich.»
[Jörg Dünki]

PANNENSTATISTIK

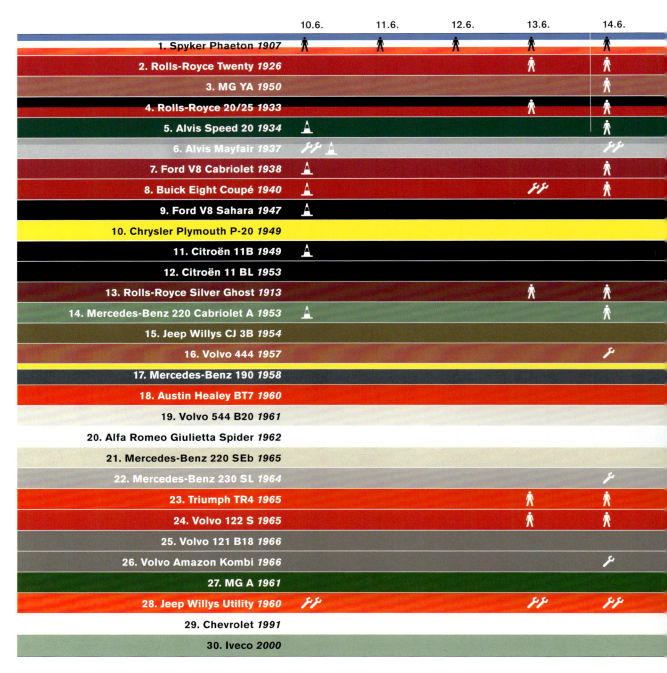

SYMBOLE

- 🔧 Reifen- oder kleinere Panne, die vor Ort behoben werden kann
- 🔧🔧 Grössere Panne, Hilfe eines Begleitfahrzeugs notwendig
- 🔺 Probleme mit der Strasse: Schlaglöcher, Waschbrett, Staub, Hitze
- 👤 Probleme mit Menschen: Polizei, Zöllner, Fans, Gaffer
- 🐪 Probleme mit Tieren: Herden, gefährliche Tiere
- ☾ Nachtschicht oder fahrfreie Tage, an denen grössere Reparaturen vorgenommen werden
- ! Fahrerprobleme, Krach im Cockpit
- 🧳 Gepäckstück verloren
- + Unfall

16.6. 17.6. 18.6. 19.6. 20.6. 21.6. 22.6. 23.6. 24.6. 25.6. 26.6. 27.6. 28.6. 29.6.

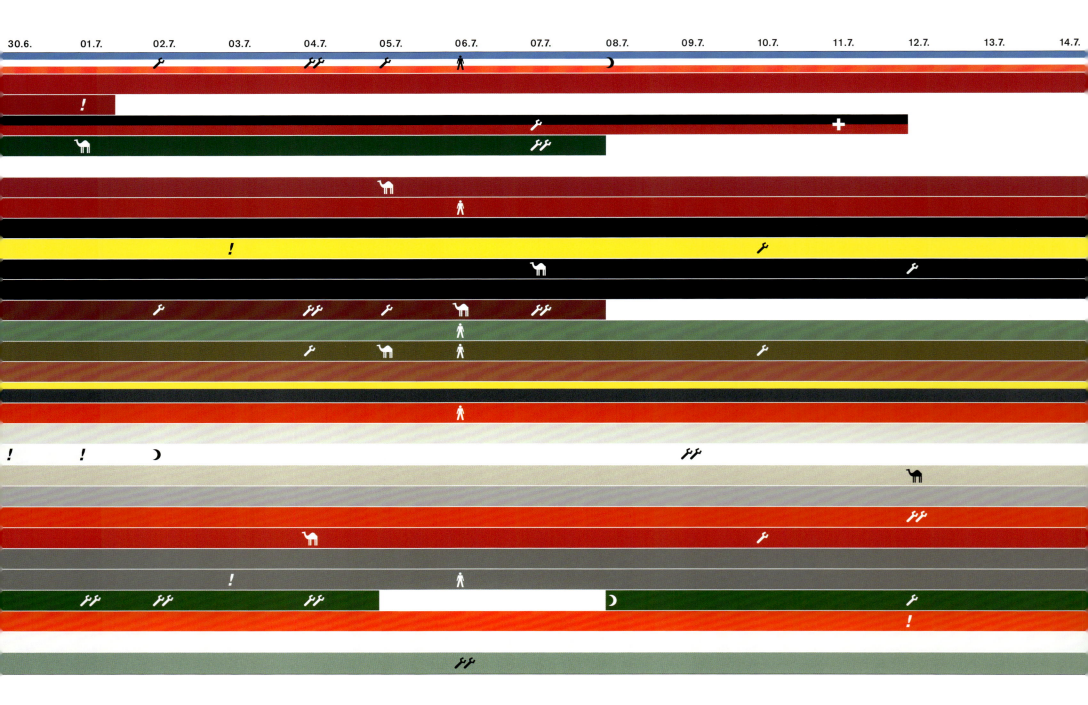

.7. 16.7. 17.7. 18.7. 19.7. 20.7. 21.07. 22.7. 23.7. 24.7. 25.7. 26.7. 27.7. 28.7. 29.7.

Teams 1–30

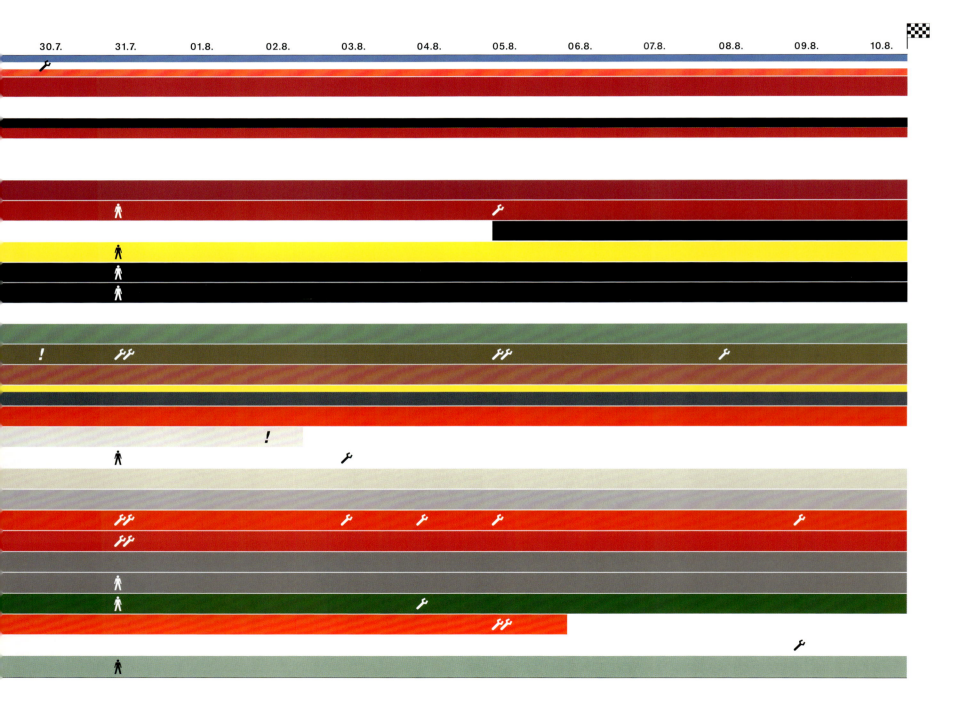

2007

CHINA
8.6.07–20.6.07
2265 km

Rot ist die Farbe des Glücks. Fotoshooting für ein Modejournal.

Zurück zum Start

«Willkommen im Reich der Mitte, im Land mit den höchsten Bergen, tiefsten Tälern und längsten Flüssen, mit einer nach Jahrtausenden zählenden Kultur und Heimat eines Viertels der Menschheit.» (Begrüssung des chinesischen Reiseveranstalters CTS)

Jeder vierte Mensch ein Chinese? Schon die Zahlen waren beängstigend, wir durften gar nicht darüber nachdenken.

Wir sind 65 Personen und 31 Fahrzeuge, kommen aus der Mongolei (1), Holland (4), England (1), den USA (1), Deutschland (8) und der Schweiz (50), ein kleiner, bunter Haufen.

Wir kannten einander nicht; was uns verband, war die Begeisterung für alte Automobile und die Absicht, von Peking nach Paris zu fahren. Auf den Spuren von Fürst Borghese, der vor genau hundert Jahren diese Rallye gewonnen hatte. Damals eine Pionierleistung. Und heute? Eine exklusive Spazierfahrt betuchter Herrschaften oder immer noch eine Herausforderung für Mensch und Material, ein Abenteuer?

Es geht nicht im Voraus. Es geht nur vor Ort.
(Weisheit des Reiseleiters Tong Yu)

Auf dem Parkplatz des Ruiwan Jinjiang Hotel in Tianjin stellten wir unsere Fahrzeuge ein erstes Mal einem chinesischen Publikum vor. Nachdem wir die Fahrzeuge aus den Containern befreit, die Spannriemen und Bremsklötze entfernt und Benzin eingefüllt hatten, wurde uns von der Polizei – wir hatten alle noch keine Nummernschilder, keine chinesischen Fahrausweise – eine kurze Parade vom Hafen zum Hotel erlaubt. Ein erster Auftritt, rund 16 000 Kilometer von zu Hause entfernt.

Die Chinesinnen und Chinesen blieben höflich vor den Schranken stehen. Erst mit der Zeit getrauten sich ein paar junge Frauen zu fragen, ob ein Freund ein Foto machen dürfe. Von ihnen vor einem der Oldtimer. Eine halbe Stunde später setzten sie sich ans Steuer und wollten eine Runde drehen. Vor allem aber liessen sie sich fotografieren, vor dem roten Volvo und im roten MG, denn rot musste ein Auto sein, wenn es sie begeistern sollte.

Wir wunderten uns.

Der rote Volvo war nun wirklich nicht unser Paradepferd. Die beiden Besitzer, die sich gern dazustellten, wenn eine besonders hübsche Chinesin sich lächelnd gegen ihren Wagen lehnte, dürften kaum der Grund gewesen sein.

Lag es daran, dass rote Autos in China kaum zu sehen waren? Die neueren waren schwarz oder silbern, die älteren weiss oder beige, manchmal minzgrün oder hellblau, aber niemals richtig saftig, knallig rot.

Später erzählte uns einer der Reiseleiter, dass Rot die Farbe des Glücks sei. Darauf hätten wir eigentlich auch selbst kommen können. So weit war der Weg von der Farbe der Liebe zur Farbe des Glücks nun auch wieder nicht.

Besonders clever war der Besitzer eines Modegeschäfts. Er bat drei rote Autos in die Hoteleinfahrt, wobei er nun doch auch Wert auf ihren Jahrgang legte, auch damit sich die rasch zusammengetrommelten Models – schöne Frauen, gross und schlank – besser vor den alten Karossen (dem schweren Rolls-Royce Silver Ghost, dem etwas biederen, aber immerhin roten MG YA und dem strahlenden Triumph) in Szene setzen liessen.

Wohlerzogen und bescheiden standen die Anwärterinnen für ein Titelblatt einer chinesischen Modezeitschrift oder eines Kalenders in einer Reihe und warteten auf ihren Auftritt. Auf Kommando setzte sich eine nach der andern in Szene. Sie drehten sich vor den Autos, schwangen ein Bein auf ein Trittbrett, schmiegten sich an Karosserien und kletterten auf den Kutschbock des Rolls, um sich erneut zu winden und ihre Tücher durch die Luft flattern zu lassen. Posen, Bilder, die an Aufnahmen aus den 50er-Jahren erinnerten, als noch auf jeder Autohaube eine Frau sass.

Tafelrunde I

Alle Teilnehmer im Restaurant des Hotels in Tianjin. Mehrere runde Tische, an denen fröhlich gegessen und getrunken wird. Tisch 3 vergnügt sich besonders laut.

MERCEDES: Iss, so wirst du was.
MERCEDES: Aber nicht mit Stäbchen.
ROLLS: Ohne Fleiss kein Preis. Das hat meine Mutter immer gesagt.
MERCEDES: Siehst du.
ROLLS: Nach dem Krieg. Oder: Von nichts kommt nichts. Lebenssätze eben. Wie sie Mütter ihren Kindern eben so mitgeben. Begleiter und Ratgeber für alle Lebenslagen.
MERCEDES: Ja, genau. Weisheiten. Was Hänschen nicht lernt, lernt Hans nimmermehr. Oder wie gesagt: Iss, so wirst du was.
BENZ: Meine hat immer nur gesagt: Aus dir wird nie etwas.

Gelächter.

ROYCE: Auf einem Campingplatz in Frankreich habe ich einmal gehört, wie ein Mann seine Frau angeschrien hat. Ein Deutscher: «Du machst einfach immer alles falsch!» Einfach, immer, alles!

Gelächter.

ROLLS: Und du isst mir immer einfach alles weg.
BENZ: Und du unterbrichst mich immer einfach überall.
MERCEDES: Du verstehst einfach immer alles falsch.
ROLLS: Von wegen, gar nichts. Wir verstehen alle immer gar nichts. Oder kannst du Chinesisch?
ROYCE: Wozu? Das Auto muss Chinesisch können.
MERCEDES: Genau. – Erst kommt das Auto, dann die Frau.

Gelächter. An Tisch 2 steht Volvo Kombi auf. Er wirkt ein bisschen unentschlossen, den Stuhl noch in den Kniekehlen, eine Serviette in der Hand, dreht er sich nach MG YA um.

VOLVO KOMBI: Nun, nachdem wir unsere Autos wieder haben und schon fast wieder Menschen sind, möchte ich mich, ich glaube im Namen aller, ganz kurz bei unserem Tourleader bedanken. Das Hotel, das Essen, die ganzen Angelegenheiten auf dem Zoll. Das hast du gut gemacht.

Applaus, ein bisschen verhalten, aber herzlich.

ROLLS: Er macht einfach immer alles – richtig.

殿、永佑殿、法轮殿、万福阁、绥成
宏伟大殿组成，另外还有东西配殿、"四
（药师殿、数学殿、密宗殿、讲经殿）
文物陈列室。整个建筑布局完整、巍
，具有汉、满、藏、蒙民族特色。
殿内供有众多的佛像、唐喀及大量珍
，其中有紫檀木雕刻的五百罗汉山，
木雕刻的佛龛和十八米高的檀木大佛。

Wir waren alle nervös und verunsichert. Nicht, weil wir uns kaum kannten, weil viele von uns nur wenig Zeit hatten, sich auf die Reise vorzubereiten, nein, viel wichtiger – und für Autofahrer am Vorabend einer solchen Reise wohl entscheidender – war, dass wir uns nicht orientieren konnten. Wir verstanden die Sprache nicht, wir konnten noch nicht einmal die Schriftzeichen lesen, wir hatten keine Karten, wir kannten uns nicht aus, und wir wurden nicht informiert. Da half es wenig, dass einige von uns schon früher einmal in China waren. Sich im eigenen Auto in einer chinesischen Stadt zurechtzufinden war für alle neu.

In einer Diskussion über das GPS (das Navigationssystem, das uns durch die Stadt leiten sollte) wurde rasch einmal klar, was uns erwartete.

Sebastian und seine Frau Ursula, die schon ein paar Tage eher in Peking waren, hatten die Karten auf ihr GPS geladen und getestet. Ihr Urteil war vernichtend.

«Wir werden gar nichts finden. Es ist nichts angeschrieben, keine Strasse, kein Haus, Wegweiser gibt es auch keine, und wenn, dann können wir sie nicht lesen. Wie sollen wir durch die Stadt kommen? Kann mir das mal einer sagen?»

«Im Konvoi. Die Polizei wird uns begleiten.»

«Im Konvoi! Bei diesem Verkehr. Was ist denn das für eine Schnapsidee?»

Die Fahrt im Konvoi erwies sich zunächst einfacher als erwartet und war immer noch schwirig genug.

Wir sollten einer hinter dem andern in der Reihenfolge unserer Teamnummern fahren, waren über Funk miteinander verbunden, und im ersten und letzten Wagen sass ein chinesischer Reiseleiter. So sollten die 30 Fahrzeuge durch den Verkehr gelotst werden, über Kreuzungen, an Ampeln vorbei, von einer Spur auf die andere, in Kreiseln über Brücken und durch Unterführungen. Ein bunter Narrenzug, der als solcher sofort erkannt würde. Wir bauten auf die Umsicht und das Verständnis der Chinesen. Womit niemand rechnete, war, dass schon nach einem Kilometer ein Fahrzeug eine Panne meldete und den Konvoi zwang, anzuhalten.

«Team 22. Wir haben ein technisches Problem.
 Wir müssen anhalten.»

«Wir warten.»

«Okay, war nur halb so schlimm.»

«Hier spricht der Kommandowagen. Wir fahren wieder.
 Nach der 4. Ampel rechts abbiegen.»

«Team 11. Ich glaube, Team 6 hat ein Problem.»

«Wann müssen wir abbiegen?»

«Nach der 4. Ampel rechts abbiegen.»

«Nein, 6 fährt wieder.»

«Die 4. Ampel von wo? Team 29.»

«Team 30 an Team 28. Du blinkst immer nach links.»

«Hier spricht der Kommandowagen. Wo bist du denn?»

«Team 8 ist das letzte, das noch über die Kreuzung
 gekommen ist.»

«Ihr müsst langsamer fahren da vorne.»

«Team 11. Dampfblasen!»

Zugegeben, es war schon morgens kurz vor acht fast vierzig Grad und die alten Motoren wurden im Stossverkehr schnell zu heiss. Aber auch auf der Autobahn verbesserte sich die Situation nur geringfügig. Das Verhalten der chinesischen Verkehrsteilnehmer war schwer einzuschätzen. Immer wieder kam es vor, dass ein Wagen neben uns herfuhr, um uns zu fotografieren, oder auf dem Pannenstreifen an uns vorbeidonnerte, um weiter vorne anzuhalten und unseren Umzug zu filmen.

Die halbfertige Autobahn führte durch eine öde Industrielandschaft im Werden. Überall Baustellen, welche sich in die letzten Felder frassen. Magere Bäumchen längs der Strasse, die vielleicht einmal einen Grüngürtel bilden würden, wenn sie nicht vorher eingingen. Trübe Teiche mit Wasserpumpen, die zu stinkenden Kloaken verschlammten. Eintönige Neubauten, moderne Ghettos, die in die alten, verwahrlosten Quartiere wucherten. Ich konnte mich nicht erinnern, schon einmal so lange durch eine so hässliche Landschaft gefahren zu sein. Vielleicht lag es am Licht, am trüben Himmel, der sich mit dem Grau der Felder vermischte, am schönen Wetter ohne Sonne.

10. Juni, Start des Borghese-Memorials vor der Grossen Mauer.

Vor einem Tor der Grossen Mauer sollte die Reise beginnen, vor dem Eiffelturm enden. Luigi Barzini hatte damals geschrieben:

«Die Mauer stieg auf und ab, folgte im Zickzack den Launen des Geländes, zog sich in Schlangenwindungen dahin, stürzte in Täler, erhob sich wieder mit einem Sprunge, zeigte sich bald von der Seite, bald von vorn. Sie ordnete ihre Türme auf hunderterlei verschiedene Arten, entfaltete ihre Zinnen, um sie im nächsten Augenblick in plötzlicher Verkürzung zusammenzuziehen. Sie schien zu verweilen und eiligst davon zu fliehen, und zwar bis zu beiden Grenzen des Horizonts, bis zu den entferntesten Bergen, wo sie sich dem Auge nur noch als kaum wahrnehmbarer Faden darbot.»

Das war nicht die Mauer, vor der wir standen. Nicht, weil sie hier, wo wir sie besuchten, zur Touristenattraktion verkommen war, sondern, weil das Tor, die paar Türme auf den Hügeln mit einer Mauer verbunden, nicht im Entferntesten Barzinis Beschreibung entsprach. Zugegeben, die Mauer war breit, ein steiler Aufstieg mit hohen Stufen. Eine Talsperre. Ja und? Ich wusste auch, dass es verschiedene Mauern gab. Die *«kleine»* Grosse Mauer, wie sie Barzini beschrieben hatte, die *«grosse»* Grosse Mauer und viele kleine *«kleine»* Grosse Mauern. Aber nur, weil die kleine ein grosses Tor hatte, war sie noch keine grosse Kleine.

Doch wir liessen uns unsere Enttäuschung nicht anmerken, stiegen in die Höhe und wieder hinunter, schauten über Mauerbrüstungen auf unsere Autos vor dem Tor, hockten herum und machten Fotos. In Ecken und auf Brücken standen ein paar beschädigte Betongüsse, gepanzerte Figuren ohne Hände. Kunstschätze oder billige Kopien, die von Touristen mutwillig zerstört worden waren. So oder so, kein Einstieg ins grosse Abenteuer.

Die Berichterstatterin für China des Schweizer Fernsehens war da, ein Delegierter der Stadt, es sprachen unser Präsident und die jungen Männer des chinesischen Reiseveranstalters CTS. Chinesische Drachen tanzten zur Trommel, eine Militärkapelle spielte den Radetzkymarsch und anschliessend ein paar postsozialistische Paradestücke für Blasmusik. Konfettibomben platzten und verpufften ihren Glitzerkram über unsere Autos. Wir gingen von einem zum anderen und wünschten uns eine gute Reise, wir umarmten einander, drückten Hände. *«Auf dass wir heil und gesund in Paris ankommen!»*

Wir waren alle sehr bewegt. Unser Start hatte zumindest für uns etwas Anrührendes und Verbindliches. Es war wie ein Versprechen.

Dann setzten wir uns in die Autos und glitten über den Platz an der Kamera des Schweizer Fernsehens vorbei. Aus mehreren Bussen winkten Mädchen in ihren Schuluniformen. Die einen kicherten, verschämt eine Hand vor dem Mund, die anderen zeigten auf ein Fahrzeug, wobei nicht klar war, ob sie nun über das Auto oder über seine Insassen lachten, über den Mann mit Zigarre im roten Sportwagen oder das Trio mit seinen lustigen Mützen.

«Grüezi mitenander, wir fahren wieder. Nicht vergessen, immer hupen. Wenn LKW überholen, hupen.»
«Team 27. Geht nicht, der Motor springt nicht mehr an. Oh, ja. Doch, er läuft wieder.»
«Team 22. Ihr seid zu schnell, wir können niemanden sehen.»
«Team 3. Verstanden. Wir fahren Richtung Autobahn. Wir müssen noch das Fernsehteam ausladen, danach haben wir freie Fahrt.»
«Team 30 an Spitze. Alle Autos fahren.»

Der Konvoi erreicht die Autobahn, eine Ringstrasse um Peking, dreispurig rauscht der Verkehr durch die Aussenquartiere der Stadt.

«Team 3. Nach der Ausfahrt rechts ran, wir halten an, die Fernsehleute müssen aussteigen.»

Der Konvoi schert nach rechts aus, bremst, die ersten zehn Autos schaffen es, auf dem Pannenstreifen anzuhalten, andere müssen vorbeifahren, im Rückspiegel schleudert ein Bus, einige stehen auf der ersten Spur, der Konvoi schiebt sich ineinander, wir blockieren die Fahrbahn.

«Seid ihr verrückt geworden, zwischen Ausfahrt und Einfahrt auf der Autobahn?»
«Aber ehrlich. Was ihr da gerade gemacht habt, also so geht das nicht.»
«Team 19. Richtig. Das war lebensgefährlich.»
«Team 27. Da muss ich mich doch beschweren. Der Bus hinter uns, aber ehrlich, mit 100. Er hat es gerade noch geschafft. Ein Meter, und es hätte eine Massenkarambolage gegeben.»
«Team 3 (patzig). Du lebst ja noch. Das Fernsehen muss aussteigen. Danach haben wir freie Fahrt.»

Eine schwierige Startphase und ein Vorfall, der mit Sicherheit nichts dazu beitrug, unsere Ängste und Unsicherheiten abzubauen.

Bald einmal wurde allen klar, dass Information und Führung in den Händen der chinesischen Reiseleiter lagen, und an *«freie Fahrt»* war nicht zu denken. Der Konvoi wurde zum Diktat, wer aus der Reihe scherte, harsch zurückgepfiffen. Eine Alternative gab es nicht, zum Glück waren die Chinesen bestens vorbereitet. Immer wieder holte uns die Polizei ab und leitete den Konvoi zügig und sicher durch den Verkehr der Millionenstädte, in denen wir uns hoffnungslos verfahren hätten, immer wieder standen die Männer des CTS am Strassenrand und winkten uns mit ihren Fahnen in die richtige Richtung. Aber die Marotten unserer Autos waren nicht vorhersehbar – genauso wenig wie die Wünsche eines Fernsehteams –, und so kam der Konvoi nicht vorwärts, weil immer irgendwo ein Fahrzeug eine Panne hatte.

Im Bus. Der chinesische Reiseleiter sammelt die Formulare für die chinesischen Autoschilder ein. Der Chauffeur möchte fahren.
«Halt. Wir müssen noch warten. Es fehlen vier Frauen.»
«Die Chassisnummern brauchen wir noch. Wie viele Frauen hast du?»
«Vier.»
«Und wo sind die Chassisnummern?»

Es waren zwar meistens dieselben, die liegen blieben, aber niemand konnte sicher sein, ob nicht auch seine Wasserpumpe auf den nächsten Kilometern den Geist aufgab, die Zündung ausfiel oder die Benzinleitung verstopfte. Sicher fühlen konnte sich niemand. Kein Wunder, dass bei jedem Halt fast jeder unter sein Auto kroch oder wenigstens die Motorhaube aufmachte, um Öl und Wasser zu überprüfen. Engländer und Schraubenzieher waren allzeit griffbereit.

Eine Nervosität, die ansteckend war und unsere Unsicherheit noch vergrösserte. Nicht nur, dass wir uns nicht zurechtfanden, dass das Verhalten chinesischer Autofahrer unberechenbar war, nein, auch unsere Oldtimer, diese treuen Gefährten sonntäglicher Ausflüge, erwiesen sich als unzuverlässig.

«Grüezi mitenander. Hier spricht der Kommandowagen. Auf der rechten Fahrspur gibt es zwei Stück Stein. Passt auf mitenander.»
«Wir fahren jetzt dann schon bald zwei Stunden.»
«Muss jemand Pipi machen? Dann halten wir an.»
«Ja, wir möchten anhalten.»
«Gut, dann gehen wir alle pinkeln.»
«Wer hat denn da was von pinkeln gesagt?»
«Gut, machen wir eine grosse Pause. Eine kurze Pause machen wir.»

In Jjnzhong holte uns die Polizei an der Autobahnausfahrt ab und eskortierte den Konvoi in die Stadt zum Mittagessen. Mitten im Niemandsland eine Zweimillionenstadt. Hässliche Vororte, endlos lange Strassenzüge mit Plattenbauten, dann näherten wir uns dem Zentrum. Bäume, Parkanlagen, grössere Gebäude, Architektenträume und Einkaufsstrassen.

Unsere Karossen tauchten in die Unterführung der Eisenbahngeleise. Dann bogen wir scharf nach rechts, um dann immer geradeaus den Geleisen entlang zu fahren. Nach rechts durch eine «Prachtstrasse», die sich vor allem dadurch auszeichnete, dass sie breit war. Überall versammelten sich Menschen, säumten den Strassenrand. Sie hatten uns erwartet. Weitere eilten aus Geschäften herbei, aus Seitenstrassen. Die Leute lachten, zeigten begeistert auf unsere alten Autos, überall wurden Fotos gemacht. An den Kreuzungen standen Polizisten, die uns durchwinkten. Wir hatten das Gefühl, dass wir parallel zur Einfahrt wieder zur Stadt hinaus geleitet würden. Eine erneute scharfe Rechtskurve, durch eine Allee auf einen Torbogen zu, einmal links herum und rechts und noch einmal rechts und geradeaus auf die Geleise der Eisenbahnunterführung zu. Nach rechts abbiegen und den Geleisen entlang...

Der Corso, den die Polizei mit uns veranstaltete, war wohl so nicht vorgesehen. Ein Einfall der Stadtbehörde. Eine Gaudi zur Erheiterung der Bevölkerung. Sie dauerte über eine halbe Stunde und wurde dann durch eine scharfe 180-Grad-Wendung beendet. Wir landeten vor dem Hotel, dem besten in der Stadt, das die «old car group» aus der Schweiz und Deutschland willkommen hiess. Wir waren schon vor einer halben Stunde ein erstes Mal daran vorbeigefahren. Wir waren gerührt über den herzlichen Empfang und kamen uns doch auch ein bisschen verschaukelt vor.

In dem Touristenrestaurant, in dem wir zu Mittag essen, beginnen die Serviererinnen, nachdem sie uns das Essen auf den Tisch gestellt haben, unsere Nacken zu massieren. Sie trommeln auf unsere Schultern und drücken ihre Nägel in unsere verkrampfte Hals- und Nackenmuskulatur. Sie fragen nicht, sie fangen einfach damit an.
Sie fangen mit Dave an.
Dieser reagiert überhaupt nicht, sieht sich auch nicht nach den wohltätigen Händen um. Er glaubt, es sei seine Frau, die ihm offensichtlich auch ab und zu den Nacken massiert. Seine Tischnachbarn grinsen.
«Ja, ja», sagt er, «ihr wollt mich glauben machen, dass da eine hübsche, junge Chinesin hinter mir steht. Ich weiss schon. Ich kann es an euren Gesichtern sehen.» Die Tischrunde lacht. Er will sich nach seiner Frau umdrehen, um ihr für die liebevolle Behandlung zu danken, und da steht doch tatsächlich eine hübsche, junge Chinesin hinter ihm.

Vor dem Hotel wurden die Autos sofort von fotografierenden Chinesen umringt, die sich alle mit einem Oldtimer ablichten lassen wollten, und natürlich waren auch hier die roten Autos die bevorzugten. Vor allem die Frauen gebärdeten sich ganz ungeniert und zerrten einen von einem Wagen zum andern.

Einige von uns wären gern essen gegangen. Die überkandidelte Begeisterung, der Tanz um die Fahrzeuge war irgendwann einmal nicht mehr zu verstehen und ging auf die Nerven. Wir hätten gern ein bisschen Ruhe gehabt. Kurt glaubte, demnächst rigoros durchgreifen zu müssen. Wenn diese Hampeleien auf dem Trittbrett seines Rolls-Royce nicht aufhörten, würde dieses schon bald wie eine «schlaffe Schwarte» durchhängen.

Andererseits wurden die Pausen zu Oasen. Mir rot beflaggten Tribünen, wehenden Fahnen, Willkommensgrüssen, mit Reden und Gruppenfotos kannten wir uns aus. Es ging um die Geste, den Austausch von Gastgeschenken, ein Fotoband über den Ort gegen ein Blechschild Peking–Paris. Erst später im Auto waren wir wieder mitleidlos den Tücken alter Motoren ausgesetzt. Unterwegs, jedes Team auf sich allein gestellt, nur noch mit einem Funkspruch zu erreichen. So schöne Regeln wie «Hilf dir selbst, so hilft dir Gott», oder die Weisheiten unseres Nationalhelden, «Der Starke ist am mächtigsten allein», schienen ihre Gültigkeit verloren zu haben.

Jeder vierte Mensch ein Chinese. Wie lange hätten wir da stehen und warten müssen, bis ein Helfer gekommen wäre, der unsere Sprache verstand? Einen Tag. Drei Tage. Ein halbes Jahrhundert?

Die Rikscha von Pingyao

Meine Rikscha steht auf der Stadtmauer neben dem Westtor. – Eine Rikscha auf einer Mauer? Sie haben Recht. Aber diese Rikscha ist ein Objekt, Kunst, verstehen Sie?

Sie gehörte meinem Vater, und sie war nicht die Einzige, die er besass. Schon der Grossvater war Rikschafahrer, der Urgrossvater.

Die Rikscha war bequemer und schneller als jede Sänfte. Natürlich immer nur etwas für die Reichen, aber davon gab es hier in Pingyao jede Menge. Bis 1900 war die Stadt das wichtigste Finanzzentrum Chinas. Es wimmelte von kaiserlichen Beamten, Richtern, Steuereinnehmern, auch von «Langnasen». Aber als 1949 die kommunistische Partei Chinas an die Macht kam, war Pingyao so unwichtig geworden, dass sich erst einmal nichts änderte. Erst die Kulturrevolution gab unserem Gewerbe den Todesstoss. Dass sich ein Mensch vor einen Karren spannen liess, nur damit ein anderer bequemer nach Hause kam, sei ein Überbleibsel aus der Feudalzeit. Die Rikschas meines Vaters wurden eingezogen und zerstört. Von den «Roten Garden». Alle bis auf meine, weil ich nicht in der Stadt war, als sie kamen. Sonst liessen sie uns in Ruhe. Mehr oder weniger. Den Vater haben sie mitgenommen. Er wollte nicht einsehen, dass sein Geschäft den Willen des Volkes beleidigt. Sie haben ihn eingesperrt, geschlagen, er sollte umerzogen werden. – Wir haben ihn nie mehr gesehen.

Aber das ist lange her. Darüber sprechen wir nicht. Niemand hier.

Ich will mich auch nicht beklagen. Wir haben Glück gehabt, hier in Pingyao, die Altstadt blieb erhalten. 1997 wurde sie von der UNESCO zum Weltkulturerbe erklärt, und ich habe wieder ein Einkommen.

So gegen zehn gehe ich ebenfalls auf die Mauer, an schönen Tagen auch früher. Ich weiss ja ungefähr, wie viele Touristen in der Stadt sind. Ich setze mich in die Nähe der Rikscha und warte.

Früher, bis vor dreissig Jahren, gab es gar nichts. Schon die vier Familienwünsche blieben für die meistens von uns Träume. Der erste Wunsch war eine Armbanduhr, der zweite ein kleines Radio, der dritte eine Nähmaschine und der vierte ein Fahrrad. So einfach war das. Und wer die vier Dinge nicht zusammenbrachte, durfte sich gar keine Hoffnungen machen, eine Familie zu gründen. Wir mussten lange warten. Ich bin heute über 60 Jahre alt und mein Sohn erst 21. Die Frau ist tot, und andere Kinder hatten wir nicht. Es war verboten.

Ich habe mich oft gefragt, warum wir so sind, wie wir sind, oder ob ich ein anderer wäre, wenn ich an einem anderen Ort, zu einer anderen Zeit geboren worden wäre. Es gibt Situationen im Leben, da fragt man sich das. Jeder und jede fragt sich das. Eine Antwort habe ich nicht. Vielleicht, weil wir zu höflich sind.

Wenn ich zum Beispiel rauchen möchte, dann stecke ich mir nicht einfach eine Zigarette an. Ich frage auch nicht, ob es hier erlaubt ist zu rauchen. Ich frage meinen Nachbarn, ob er eine Zigarette möchte. Wenn er eine möchte, habe ich schon einmal einen Verbündeten, wir sind schon zwei, die rauchen möchten. Aber das heisst nicht, dass wir auch rauchen. Wir fragen, ob noch jemand eine Zigarette möchte. Wenn jetzt niemand ja sagt, wissen wir, dass Raucher hier nicht erwünscht sind. Und dann rauchen wir nicht. Die Harmonie ist uns wichtiger.

Jeder von uns möchte möglichst lange leben, und um das zu können, muss er in Harmonie mit sich selbst sein. Wer sich immer ärgert und wegen nichts in die Luft geht, wird sich schnell verbrauchen. Wer immer anders als alle andern sein will, allem und allen vorauseilt, wird feststellen, dass er allein ist. Auch deshalb suchen wir die Harmonie.

Irgendwann setzt sich jemand in die Rikscha, er will ein Foto. Als ob er in einer Rikscha durch die Stadt gefahren würde. Und dafür braucht es einen Rikschafahrer. Mich.

Die Stadtverwaltung hat mich angefragt. Wir haben die Altstadt. Mittlerweile kommen Touristen aus der ganzen Welt. Nun sind wir ein Dutzend Leute, die für Attraktionen sorgen. Im Palast der kaiserlichen Regionalverwaltung spielen Kollegen von mir eine Gerichtsszene. Einem Sohn, der nicht für seinen Vater sorgen will, wird der Prozess gemacht. Es wird gezeigt, wie viele Stockschläge er erhält. So etwas mögen die Leute.

Manchmal frage ich mich, ob es richtig ist, dass wir den Tourismus fördern und unsere Kultur zum Theater machen. In Peking sollen sie ein Kind als «letzten Kaiser» durch die «Verbotene Stadt» geistern lassen. Touristen können sich kaiserliche Gewänder überstreifen und sich auf einem nachgemachten Thron fotografieren lassen. In Klöstern und Tempelanlagen, die nach wie vor religiöse Stätten sind und von Mönchen und Pilgern als Ort der Ruhe aufgesucht werden, spazieren Eis lutschende Touristen. Sie klauben Mörtel aus den Fugen der Grossen Mauer, um zu Hause ein Erinnerungsstück zu haben. Sie lassen sich auf Zinnen fotografieren, die nur vom Kaiser betreten werden durften.

Ich weiss nicht, ob es gut ist, nur weil sich damit Geld verdienen lässt.

Was ich mache, ist harmlos. Ich verrate kein Geheimnis, ich störe niemanden. Ich stelle mich zwischen die Deichsel der Rikscha, hebe sie an und beuge mich leicht nach vorn. Ich gebe vor, mich ins Zeug zu legen, einen Schritt zu machen. Wenn ich sehe, dass der Fotograf bereit ist, stelle ich den rechten Fuss, leicht versetzt, auf die Zehenspitzen. Mit der linken Hand greife ich nach der Deichsel, und die rechte werfe ich in die Luft, als ob ich jemanden grüssen würde. Ja, so! Ich grüsse über die Dächer der Stadt, und damit der Fotograf auch weiss, dass er auf den Auslöser drücken muss, schmettere ich: Ho-Hiiho-Jep!

Das funktioniert eigentlich immer. Ich warte noch einen Augenblick, aber nicht zu lange, sonst kommt der Fotograf auf die Idee, er könnte noch ein zweites Bild machen. Und ein drittes, ein viertes. Kein Problem, heute, da sich die Bilder, wenn sie nichts geworden sind, einfach wieder löschen lassen.

Meine besten Kunden sind unsere eigenen Leute und Japaner. Weil die Rikscha ursprünglich aus Japan kam. Sie können geduldig in einer langen Schlange stehen, bis eine Person nach der anderen sich in die Rikscha gesetzt und einer von ihnen das Foto geschossen hat. *«Langnasen»* haben in der Regel keine Geduld. Bei ihnen muss immer alles schnell gehen.

Am späteren Nachmittag gehe ich nach Hause. Es kommt darauf an, wie das Wetter ist, wie viele Touristen in der Stadt sind, auf die Jahreszeit.

Ich wohne nicht in der Altstadt. Mein Sohn und ich haben uns etwas in einem Neubau gemietet, vielleicht können wir es eines Tages sogar kaufen. Es ist nicht gross, aber es würde genügen, auch für eine Frau und ein Kind. Mein Sohn arbeitet bei der Post, im Paketdienst. Früher, als ich ein Junge war, da habe ich auch Pakete gefahren. In der Rikscha meines Vaters sass eine Kundin, ich transportierte die Einkäufe.

Ja, genau so war das. Oder so ähnlich. Vielleicht auch ganz anders. Es ist ja schon so lange her.

Tafelrunde II

Alle Teilnehmer ausser Team Spyker in einem Restaurant in Pingyao nach einem ausgedehnten Dinner. MG YA bittet um Ruhe.

MG YA: Wir haben ein Problem und das heisst Spyker. Das Team hat sich erst sehr spät angemeldet und wird zum Teil von der Firma Spyker gesponsert. Nun will die Firma unsere Reise, unsere Logistik für Werbezwecke ausbeuten. Dies zum einen. Zum andern hat die Firma den beiden ein Begleitteam plus Fahrzeug mit Anhänger mitgegeben. So profitiert ein weiteres Team von unserer Logistik, unseren Vorarbeiten. Was machen wir jetzt? Die Spyker fahren nicht mit uns und sind auch jetzt nicht da, weil sie noch mit Sponsoren zusammensitzen. – Was machen wir jetzt?

Allgemeines Murren.

VOLVO 544: Ich finde die Sachlage relativ klar. Das Spykerteam hält sich nicht an die Abmachungen, wir werden benutzt für ihre Zwecke. Entweder bezahlen die Spykerleute für beide Fahrzeuge – wir setzen eine Summe fest –, oder das Spykerteam wird ausgeschlossen.

Allgemeines Murren.

EINE: Das Spykerteam hat bezahlt. Sie müssen mitfahren können.
EINER: Aber sie fahren nicht mit. Sie drehen Werberunden für ihre Firma.
MG YA: In unseren Statuten steht, dass, wer nicht mitfährt, ausgeschlossen werden kann, und die beiden fahren nicht mit. Auch, weil sie zum Beispiel nicht auf die Autobahn dürfen. Sie können nicht schneller als 80 fahren. Ich habe ihnen gesagt, sie müssten das Problem lösen, sie haben es nicht gelöst. Für die Mongolei, für Russland haben wir eine Menge Spezialbewilligungen, bei denen ihr Begleitfahrzeug nicht inbegriffen ist. Sollte dies bemerkt werden, müssen wir mit Schwierigkeiten rechnen.
HEALEY: Das ist aber eine sehr schwache Basis für einen Ausschluss.
IVECO: Überdies, ich gebe zu bedenken, überdies sind wir vielleicht sehr froh um ein weiteres Begleitfahrzeug. Ich meine, in den drei Tagen, an denen wir bis jetzt gefahren sind, waren unsere Abschlepphaken immer ausgebucht.

Gelächter.

VOLVO 544: Mir stinkt es einfach, ausgenutzt zu werden. Wir haben die Firma Spyker um Sponsoring angefragt, man hat uns mit Versprechungen hingehalten, schliesslich haben wir nicht einen roten Rappen erhalten. Und jetzt kommen sie durch die Hintertür und tricksen uns aus. Ich lasse mich nicht gern für dumm verkaufen.

Allgemeines Murren, Stimmen aus dem Plenum.

EINE: Aber die zwei haben bezahlt.
EINER: Genau. Andernfalls müssen wir ihnen ihr Geld wieder zurückgeben.
MG YA: Wir haben kein Geld mehr.
EINER: Genau, und darum müssen die Spyker mitfahren, sie gehören dazu.
EINE ANDERE: Die Spyker müssen bleiben, ihr Fahrer ist so nett. Eine wahre Reinkarnation von diesem, diesem Spykertyp von 1907, diesem Abenteurer, wie hiess er noch bloss …
ANDERER: Sie sollen bezahlen.
EIN ANDERER: Ja. Vor allem sollen sie mit uns fahren und sich nicht auf einem Anhänger ans Ziel karren lassen und sich als die grossen Helden aufspielen. Da kommt sich doch jeder blöd vor, der mit seiner Wasserpumpe kämpft und wie auf Kohlen hinter den anderen herfährt …
ANDERER: Sie sollen bezahlen.
EINE: Sie haben bezahlt!
NOCH EINE: He, he, wir lassen uns doch nicht den schönen Abend verderben.
V8 CAB: Also Leute. So geht das nicht. So können wir noch die ganze Nacht disputieren und finden keine Lösung. – Wir sind ein Verein, haben einen Vorstand. Dieser soll das Problem überprüfen, dem Plenum einen Vorschlag vorlegen und basta. Meinetwegen kann der Vorstand für diesen speziellen Fall um eine oder zwei Personen erweitert werden …
EINER: Genau. Das ist eine Sache des Vorstands.
ANDERER: Sie sollen bezahlen.
EINE: Sie haben bezahlt!
ANDERE: Ich gehe jetzt ins Bett.

Am Abend danach gibt der Beifahrer von Austin Healey den Entscheid des erweiterten Vorstands bekannt. Die Spykers fahren mit, zusätzliches Geld gibt es nicht, dafür stehen der Begleitwagen und seine fahrbare Werkstatt nach Bedarf allen zur Verfügung. Eine weitsichtige Entscheidung, von der ungefähr ein Drittel der Teams profitieren wird.

Besuch in der Verbotenen Stadt im Zentrum Pekings.

> Sebastian räumt während der Mittagspause sein Auto aus. Es ist
> 40 Grad im Schatten. Alles muss raus, Koffer, Taschen, sogar die
> Matratze, einfach alles, damit er an seine Werkzeuge, seine Ersatzteile
> kommt. Dann beugt er sich übers Auto, kriecht unter die Vorderachse.
> Er ist gestern über einen Stein gerast, dieser hat ihm den Reifen auf-
> geschlitzt und die Felge beschädigt. Nun befürchtet er, es könnte mehr
> sein, vorne rechts klappert es so verdächtig. Er sucht nach der Ursache,
> findet eine lose Schraube, die er festzieht. Danach räumt er alles wieder
> ein. Ursula sitzt mit den andern im Schatten eines Neubaus und isst die
> süssen Brötchen mit saurem Schinken, den ungewaschenen Apfel
> und das harte Ei. Sebastian beklagt sich:
> «Du hast mich einfach im Stich gelassen. Ich liege in der brütenden
> Sonne unter dem Auto, und du schaust mir nicht einmal zu.»
> «Ja hätte ich dir denn etwas helfen können?»
> «Nein.»

Basel–Bruchsal

Wir hingen an der Stange. Schon wieder. Knapp drei Meter vor uns schaukelte das Heckfenster des Schleppfahrzeugs gefährlich nahe vor der Kühlerfigur des Alvis. Keine Emily, auch kein Jaguar, sondern ein silberner Adler. Hatte er einen Namen? Ich wusste es nicht, und Zeit zu fragen hatte ich auch keine. Die Stange stresste uns.

Hinter uns fuhr der Iveco, auch er hatte ein Fahrzeug am Haken. Seit Stunden hockten die beiden MG-Fahrer in der Abgaswolke ihres Zugfahrzeugs. Im Russ des Dieselmotors, vor dem sie sich kaum schützen konnten.

Wir waren unterwegs in China, irgendwo auf der Autobahn Richtung Norden. Das GPS hatten wir ausgeschaltet. Der kleine Bildschirm hätte uns zwar ein paar Informationen geliefert, zumindest bestätigt, dass wir in die richtige Richtung fuhren, aber das interessierte uns nicht. Unser Augenmerk galt der Stange. Die Verbindung zwischen Anhängerkupplung und Abschlepphaken, zwei Punkte, die immer genau übereinander stehen mussten. Wir sahen gar nichts, weder die Stange noch die Punkte. Nur die Hecktüre des Chevrolets, der uns, viel zu schnell, über die Strassen durch die Landschaft schleppte, durch ein Land, für das wir keine Zeit hatten.

Wenn der Wagen aus der Spur geriet, nach links oder rechts ausscherte, musste die Abweichung korrigiert werden. War die Korrektur zu heftig, schlug der Wagen zur anderen Seite aus und verlangte erneut Gegensteuer. Rechts, links, gerade bleiben! Die zwei Tonnen des Alvis reagierten träge, immer wieder drohte der Wagen ins Schleudern zu geraten, schwamm hinter dem Heck her, bald rechts, bald links. Konzentriert starrte der Fahrer auf den Spalt zwischen den beiden Hecktüren, umklammerte das Lenkrad und versuchte, locker zu bleiben. Chancenlos. Die Pendelbewegungen des Wagens kamen nicht zur Ruhe, und die Konzentration wurde zum Krampf.

Auch ich fixierte den Türgriff der Heckklappe vor mir. In der Hand hielt ich das Mikrofon des Funkgeräts.

«Gerade, verdammt noch mal, bleib doch gerade», dachte ich und murmelte: *«Warum fährt der da vorne denn so schnell? Mit 90! Ist der denn verrückt geworden?»* Sollte ich melden, dass es uns zu schnell war?

Ich sass zum ersten Mal auf dem Beifahrersitz des Alvis, für Miguel war es schon Gewohnheit, dass sein Fahrzeug an der Stange hing. Jeden Tag. Immer, wenn der Motor zu heiss geworden war, verlor er an Leistung, konnte dem Konvoi nicht mehr folgen und musste abgeschleppt werden. Vielleicht das teuerste und schönste Auto unserer Gruppe, der siebzigjährige Alvis Mayfair, bestens gepflegt und gewartet, war der drückenden Hitze Chinas nicht gewachsen. Oder lag es am schlechten Benzin? Am Fahren im Konvoi? Jeden Abend beugten sich die klügsten Mechanikerköpfe über den riesigen Motor, und jeden Morgen startete der Wagen in der Hoffnung, das Problem sei behoben. Und nach 100 Kilometern hing er wieder an der Stange.

«Achtung, hier spricht der Kommandowagen. Grüezi mitenander. Aufpassen auf die lokalen Bauern. Die lokalen Bauern machen Spaziergang auf Autobahn.»

Ein unnötiger Hinweis, zumindest für uns. Die Informationen der chinesischen Reiseführer waren für uns keine Hilfe. Warnungen vor Gegenverkehr, vor Steinen auf der Fahrbahn.

«Wenn wir LKW überholen, bitte hupen. Immer hupen, wenn LKW. Hupen.»

Lauter Meldungen, die für uns zu früh kamen, und wenn die Gefahren an uns vorbeiflogen, wie jetzt gerade ein Trupp von orangen Strassenfegerinnen auf schwankenden Fahrrädern, hatten wir die Mahnung zur Vorsicht längst vergessen. Die Konzentration auf die Stange hatte Vorrang.

Irgendwo hätten wir ein Stück der chinesischen Mauer gesehen, die Höhlen im Berg seien Vorratskammern, die weiss angemalten Steine Wasserspeicher. Die Erklärungen zu einem gigantischen Terrassensystem, das sich über Kilometer den Hängen entlangschlängelte, vergass ich schnell wieder. Ein General Maos habe den Unsinn angeordnet. Der Wald wurde gerodet und die Hänge bis zuoberst bewirtschaftet. Mit den bekannten Folgen. Erosion. Die schweren Regen, die hier einmal im Jahr fallen, haben die Terrassen ins Tal gerissen. Nun standen manchmal einzelne Gehöfte wie auf einem Pfeiler, oder hinter dem Haus tat sich ein Abgrund auf. Heute fange man an, die Terrassen wieder aufzuforsten, zu retten, was noch zu retten sei, aber an vielen Orten komme man bereits zu spät.

Wir getrauten uns nicht, nach rechts und links zu schauen, wir rasten durch China, eine Heckscheibe vor der Nase, und wenn uns einer gesagt hätte, wir seien in Deutschland – irgendwo zwischen Basel und Bruchsal –, wir hätten es ihm geglaubt.

85 2007 – China

Viel zu sehen gab es in der Tat nicht. Wir fuhren seit Tagen durch die Alleen der Autobahn, auf beiden Seiten der Fahrbahnen standen drei Reihen Bäume, Büsche, manchmal sahen wir für Sekunden ins flache Land hinaus, schauten auf endlose Getreidefelder, auf weite Ebenen ohne Strassen und Dörfer. Ab und zu ein Feldweg mit ein paar Fuhrwerken, Eselskarren und dreirädrigen Fahrrädern. Auf einigen Feldern wurde bereits geerntet. Uralte Landwirtschaftsmaschinen, Mähdrescher, die wahrscheinlich noch aus der Zeit der chinesisch-russischen Freundschaft stammten, ratterten, ohne Staub aufzuwirbeln, durch die ockergelbe Weite. Wahrscheinlich war die dumpfschwüle Luft bereits so voller Dreck, dass die Mähdrescher die Sicht gar nicht mehr verschlechtern konnten. Der Smog, der über Peking lag, begleitete uns auch auf dem Land. Trotz schönen Wetters sahen wir die Sonne nicht, alles versank in einem schattenlosen Einheitslicht. Dann wieder Autobahn, Kilometer um Kilometer, immer schnurgerade zwischen Büschen und Bäumen.

Basel–Bruchsal im milchig-trüben Dunst eines schmutzigen Sommers.

«Grüezi mitenander. Wir fahren gleich in den Berg», meldete sich der Kommandowagen.

Wenn ich einen kurzen Blick zur Seite wagte, sah ich, dass aus dem Dunst die Umrisse von Hügeln auftauchten. Die Strasse stieg rasch an, wir verloren an Geschwindigkeit, schwere Lastwagen zogen schwarze Russfahnen hinter sich her. Wir fuhren über Brücken, schauten in Täler, Malven säumten den Strassenrand. Eine milde Sonne beschien dürre, gelbbraune Hänge. Die Getreide- und Maisfelder hatten aufgehört, ich hatte das Gefühl, im Süden Italiens anzukommen, glaubte, Basel–Bruchsal nehme ein Ende.

Da sahen wir das Strassenschild: Vorsicht Tunnel, und unwillkürlich verkrampften wir uns, ein Strassentunnel, das hatte uns gerade noch gefehlt, da drohte Schlimmeres als ein trostloses Stück Autobahn.

Wir rasten mit über neunzig auf den Tunnel zu, obwohl auch hier wie bei uns ein Tempolimit von achtzig galt. Ich brüllte ins Mikrofon, der Chevrolet solle langsamer fahren, vergass aber die Taste zu drücken, und unser Gespann donnerte in den Tunnel.

Die Licht- und Druckverhältnisse veränderten sich schlagartig, wir hielten den Atem an. Unsere Scheinwerfer beleuchteten das Heck des Chevrolets nur schwach, dafür strahlten die Lichter des Ivecos durch unseren Wagen, warfen die Schattenbilder unserer Köpfe aufs Heck. Durchsichtig, verdoppelt unscharfe Scherenschnitte. Rechts die Tunnelwand, links überholten uns immer wieder Fahrzeuge, hinter uns schloss der Iveco auf. Wir begannen zu schwitzen. Der Alvis liess sich kaum noch lenken. Das tonnenschwere Pendel am Abschlepphaken schlug immer stärker aus.

Und der Chevrolet erhöhte seine Geschwindigkeit.

Dabei hatte der Tag gar nicht so schlecht angefangen. Zum ersten Mal auf unserer Fahrt durch China setzten wir uns durch und liessen uns nicht wieder zurück auf die Autobahn dirigieren. Wir bestanden darauf, die Route zu fahren, die in unserem Roadbook eingetragen war. Wir fuhren über einen Pass, sahen die Sonne. Die schmale Strasse, stellenweise hart dem Abgrund entlang, dann wieder durch Alpwiesen mäandernd, erinnerte an die Schweiz. Haarnadelkurven und Lawinenverbauungen, der Pass eine Wasserscheide. Der Süden grün, voller Lerchenwälder, der Norden kahl und karg, überweidete Alpen bis unter die Felsen. Eine schöne Landschaft mit kleinen Dörfern, Gehöften von Tierherden umgeben.

Wir waren allerdings nicht die Einzigen auf der Strasse. Hoffnungslos überladene Lastwagen krochen uns entgegen. Kolonnen müder Elefanten. Uralte Fahrzeuge mit eingedrückten Fahrerkabinen, durchgebogenen Ladeflächen, schiefen Achsen. Wir kamen nicht voran, die Motoren überhitzten, begannen zu stottern. Unsere Autos hielten die Strapazen nicht aus.

Die Fahrt erwies sich als zu riskant. Die chinesische Polizei und unsere Führer warnten vor weiteren Pässen und bestanden schliesslich darauf, dass wir zur Autobahn zurückkehrten.

Zurück über den Pass? Auf keinen Fall. Wir schlugen eine weitere Variante vor, wollten der Landstrasse nach Datong folgen, doch diese wurde mit jedem Kilometer schlechter, und wir gaben klein bei, willigten in den Vorschlag der Polizei ein, dass wir – immerhin auf der von uns ausgewählten Landstrasse – zurück zur Autobahn fahren würden, um von dort erneut ins Gebirge zu stechen. Die chinesischen Kommandanten grinsten zufrieden – sie wollten sowieso nicht, dass wir durch arme Dörfer fuhren. Sie waren beauftragt, uns das neue, moderne China vorzuführen, seine Hochhäuser und Autobahnen.

Für die Besichtigungen rund um Datong erhalten wir einen Bus und einen neuen Reiseführer. Er spricht sehr gut Deutsch und versteht es doch nicht, uns zu begeistern. Datong hat 3 Millionen Einwohner, produziert jedes Jahr 50 Milionen Tonnen Kohle. 100 000 Meister haben die Grotten von Yungang geschaffen. Die Stadt ist überdies bekannt für ihren Hirseessig. Der Reiseführer heisst Mond, seine Frau Sonne. Er lacht und erzählt uns von Yin und Yang, wie die Chinesen mit nur einer Hand auf 10 zählen können, was «Guten Tag» heisst und was «Danke». Und während er über seine eigenen Witze lacht, versuchen wir die Wagons eines Güterzugs zu zählen. Es sind exakt 118 Eisenbahnwagen, alle mit Kohle beladen, und vier schwere Lokomotiven. Oder sind wir einfach nervös und nicht mehr aufnahmefähig, weil wir morgen über die Grenze in die Mongolei fahren? Dort soll es gar keine Strassen mehr geben.

Stau und Gestank, der Albtraum eines Cabrio-Fahrers.

Überladene Lastwagen prägen das Bild der Landstrassen.

Ein Europäer und ein Chinese stehen vor einem Apfelbaum. Beide dürfen sich einen Apfel auslesen, und selbstverständlich lässt der Chinese dem Europäer den Vortritt.
Der Europäer schaut sich den Baum genau an, dann bricht er zielsicher den schönsten Apfel vom Baum.
Der Chinese schaut sich den Baum ebenfalls genau an. Schliesslich pflückt auch er einen Apfel, nicht den zweitschönsten, sondern einen von den vielen, die sich alle ähnlich sind. Am Anblick des nunmehr schönsten sollen sich, so seine Meinung, auch noch andere erfreuen.

Und Robert, der die Tour organisiert hatte. Warum überliess er die Leitung dem chinesischen Reiseveranstalter? Kämpfte er mit ähnlichen Problemen wie wir? Seit Tagen verkroch er sich ins Schneckenhaus seines roten MGs, verschanzte sich hinter dem Steuer und schwieg. Er schwieg so lange, bis ihm sein Reden nichts mehr nützte und er tatsächlich besser geschwiegen hätte.

Die so genannte Landstrasse war eine schlecht befestigte Allee mit einer geradezu absurden Lastwagendichte. Stellenweise zwängten sich die LKWs vierspurig durch die Bäume, obwohl die Strasse nur zwei Fahrbahnen hatte. Mächtige Lastwagen zogen schwarze Russfahnen hinter sich her. Von den Ladebrücken wirbelte Kohlestaub, der so fein war, dass er in dünnen Wolken über die Strasse kräuselte. Dazwischen Russexplosionen, die durch die überhitzten Rohre der Auspuffanlagen knallten.

Nach dem kurzen Sonnenschein, dem lichteren Himmel während der Passfahrt fiel uns nun der Dreck eines ganzen Tages auf den Kopf. Hinter den Lastwagen zwischen zwei Kohlekraftwerken von Zechen umgeben im Elend des Tals.

Dörfer mit einem Zentrum gab es nicht, kaum Kreuzungen, es waren nur aneinandergereihte Buden, halbfertige Häuser, die schon zerfielen, bevor sie fertig gebaut waren, schmutzige Fassaden. Vor den Läden, Werkstätten, Lagerhäusern, vor Restaurants und trostlosen Mietskasernen türmten sich Schmutz- und Abfallberge, manchmal auch Kohlehaufen, die eimerweise weiterverkauft wurden. Die Strasse bestand aus Schlaglöchern. In den Strassengräben lagen umgekippte Autos, Lastwagen, denen die Ladung von der Brücke gerutscht war, verrostende Fahrzeugskelette. Die Plätze vor den Häusern waren Pfützen, tiefe Krater, aufgefüllt mit einer dunklen Brühe. Zwischen den Häusern, auf den Plätzen standen Leute in kohlestaubgeschwärzten Kleidern, alles, was sie trugen, sah schmutzig und zerlumpt aus, ganz egal, ob ein T-Shirt einmal leuchtend gelb, ein Rock grün oder rot gewesen war. Sie hockten auf schäbigen Stühlen an russigen Tischen, und ihre Gesichter waren verschmiert mit schwarzen Rändern um Lippen und Augen. Alles – Dächer, Plätze, Bäume, Sträucher, Gärten, Menschen – erstickte unter einer dichten Staubschicht, erstarrte im Gift der Luft.

Wir hatten so etwas noch nie gesehen. Im Fernsehen vielleicht. Bilder wie nach einem Krieg.

Wir konnten nicht verstehen, warum die Menschen sich das gefallen liessen, warum sie nicht selbst etwas unternahmen, um die Missstände zu beheben.

«*Sie könnten die Mauern anmalen, einen Garten anlegen oder wenigstens vor den Häusern ein bisschen teeren und die Plätze sauber halten*», sagte Miguel, um sich gleich selbst zu korrigieren. «*Die Leute können sich keine Besen kaufen, und selbst wenn, anschliessend wüssten sie nicht, wohin mit dem Dreck. Wenn die Armut einmal so gross ist, weiss niemand mehr, wie er dagegen ankämpfen kann. Die Lage ist hoffnungslos. Womit soll einer beginnen?*»

Wir überholten einen Lastwagen rechts auf dem Schotterstreifen, drängten auf die Fahrbahn zurück, zwängten uns zwischen zwei Lastzügen nach vorn, um doch wieder hinter einer schiefen Karre zu landen, die gleich einer Schlange einen Weg um die Schlaglöcher suchte.

Gott sei Dank liess uns der Alvis nicht im Stich. Die Strapazen der Landstrasse meisterte er offensichtlich besser als die Eintönigkeit der Autobahn. Trotzdem waren wir erst einmal froh, als wir die Autobahn erreichten, um dann, kaum fünfzig Kilometer später, an die Stange zu müssen.

Der Tunnel schien endlos, und immer noch beschleunigte der Chevrolet.

«Langsamer! Bitte langsamer», schrie ich ins Mikrofon, und dieses Mal drückte ich die Taste.

«Wir können den Wagen nicht halten, wenn wir schleudern.»

«Ihr schleudert?»

«Nein, aber du fährst zu schnell. Wir haben Angst, wir könnten ins Schleudern geraten.»

«Ihr müsst nur schauen, dass die Stange gerade bleibt.»

«Du sollst langsamer fahren!»

Endlich ging der Chevrolet vom Gas. Wir schauten einander an, verdrehten die Augen, der Alvis beruhigte sich. Nun schoss der Iveco auf uns zu, scherte aus und überholte. Hinter ihm tanzte der MG, der Fahrer übers Lenkrad gebeugt. Die Lichter huschten über die Tunnelwand, MG und Iveco verschwanden. Wir fielen zurück, Gott sei Dank, der Chevrolet liess sich nicht verführen und drosselte das Tempo.

Wir schwitzten.

«Irgendwann hätte ich ihn nicht mehr halten können», sagte Miguel. «Wenn wir hier rauskommen, müssen wir anhalten.»

Ich nickte.

«Vielleicht hat sich der Motor so weit abgekühlt, dass er wieder eine Weile läuft. Ich weiss es nicht, ich weiss nie, was er macht.»

Dann endlich war der Tunnel zu Ende.

Wir hielten an, nahmen den Wagen von der Stange. Die Strasse schlängelte sich den Berghang entlang ins Tal, wir liessen den Alvis rollen, und im Tal lief er sogar wieder, brummte zuverlässig und fast ein bisschen eintönig. Erst vor Datong mussten wir wieder an die Stange. Doch da waren die Würfel schon gefallen. Das Alvis-Team brach die Rallye ab.

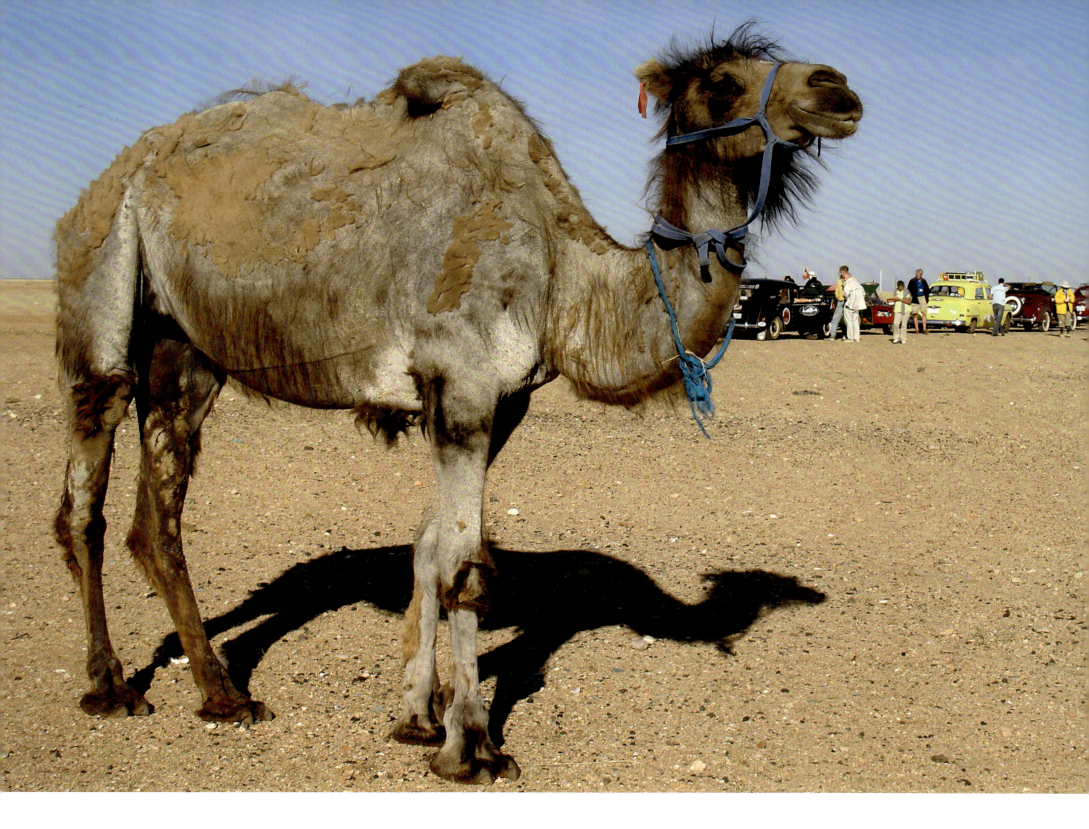

MONGOLEI
20.6.07–6.7.07
1752 km

Eine Nacht in der Wüste

«Was für eine Reise! Eine Organisation, ich glaub es nicht, die reine Katastrophe. Jeder Schulausflug ist besser vorbereitet.»
«Komm, bitte, das ist doch dummes Geschwätz.»
«Schuld sind die mongolischen Zöllner. Wir wären um elf Uhr auf der Piste gewesen. Jetzt wurde es drei Uhr nachmittags.»
«Wir hätten auf das Essen verzichten müssen. Warum hockten wir so lange in diesem Restaurant?»
«Weil einige noch Geld wechseln mussten.»
«Was ich gesagt habe. Schlecht organisiert. Wenn alle gleich an der Grenze gewechselt hätten…»
«Wenn, wenn! Wenn wir früher aufgestanden wären, wenn die Autos besser wären, wenn wir nicht immer wieder auf jemanden warten müssten. Tatsache ist, wir stecken fest und wir haben keine Ahnung, wo wir sind.»
«Doch. Irgendwo mitten in der Wüste.»

Grenzübergang in die Mongolei.

Die beiden mongolischen Reiseleiterinnen, die uns am Zoll abholen sollten, waren nicht da. Die Formalitäten zogen sich in die Länge, man sprach von Streik, wir warteten und wussten nicht warum. Wir hockten auf einer Treppe und assen die Schokolade aus dem Duty-free-Shop und musterten die Lastwagen, eine Furcht erregende Kolonne. Die Zugwagen waren fast durchwegs uralte, verbeulte Monster, deren Ladung viel zu hoch und schief auf der Brücke hing. Die Anhänger bestanden aus zwei rostenden Trägern, unter die irgendwelche Achsen geschweisst waren. Sie wurden an einer Stange hinterhergeschleppt und konnten nicht gebremst und kaum gelenkt werden. Die Reifen waren alle verschieden gross, auf zerbeulte und geborstene Felgen montiert, und aus den Karkassen ragten die Stahldrähte. Wir hofften alle, diesen Ungetümen nie auf einer Strasse zu begegnen, und waren froh, dass wir in der Mongolei Pisten fahren sollten.

Was am meisten überraschte, war, wie auch hier die Grenze die Welt verändert. Ein Strich auf einer Landkarte, ein Schlagbaum. Und schlagartig befanden wir uns in einer anderen Wirklichkeit, die der unseren, der westlichen, schon um einiges verwandter schien. Ich sollte mich täuschen. Trotzdem. Es war nicht nur das Besteck, das wir zum Essen bekamen, der russische Salat. Nein, auch die Bilder an den Wänden, die Tapeten des Restaurants, die Ordnung in den Strassen, der Bahnhof… die Menschen. Die Frauen hatten wieder einen Busen.

Dank eines Schlagbaums waren wir der Heimat ein Stückchen näher.

Als wir kurz nach drei – als auch die Letzten ihr Geld gewechselt hatten – endlich losfuhren, war die Stimmung ausgesprochen gut. Seit heute Morgen war es nicht nur schönes Wetter, wir sahen endlich auch wieder einmal blauen Himmel und begrüssten ihn wie einen lange ersehnten Freund. Alle gestanden einander, dass sie die Fahrt durch China bedrückt und enttäuscht hatte. Das lag nicht nur am Wetter, am Smog, sondern auch am Fahren im Konvoi, am Diktat der Chinesen, den ungenauen und schlechten Informationen über den Verlauf der Tour.

Voller Zuversicht fuhren wir in die Wüste.

«Wenn Sie heute durchkommen, kommen Sie überall durch», prophezeite uns die mongolische Reiseleiterin. Wir kamen nicht durch. Nicht ein einziges Auto sollte das Tagesziel erreichen.

Offroad zu fahren war für die meisten Fahrer ungewohnt – vielleicht mit einem 4x4 zu Hause in den Bergen –, aber nicht mit ihrem gehätschelten Oldtimer in der Wüste. Das war keine Stichstrasse hinunter zum Badeplatz am See. Das zog sich hin, Hunderte von Kilometern, war unberechenbar und voller Tücken. Sandkuhlen, scharfkantige Steine, Waschbretter, Querrinnen, Fahrspuren mit überhöhten Mittelstreifen, Abbrüche, Schräglagen, Dornengestrüpp, Gräben und ausgetrocknete Bachläufe erforderten Geschick und Können.

Einige wussten, wie Waschbretter und Sandkuhlen zu nehmen sind; aber weil sie es wussten und weil es in jeder Gruppe immer welche gibt, die zeigen müssen, dass sie mehr wissen – wir wären keine Männer –, begannen schon bald jene Bubenspiele, die bekanntermassen keine guten Folgen haben. Alle liessen sich anstecken, und schon bald schoss eine wild gewordene Meute über die Ebene, fächerte sich auf und raste drauflos, rechts und links am vorausfahrenden Mercedes vorbei, der uns eigentlich den Weg zeigen sollte. Im Funk bejubelten die Buben ihre Fahrkünste und heizten jenen ein, die immer noch vorsichtig blieben und mehr an ihr Auto dachten, als sich einem momentanen Rausch zu überlassen.

Es muss vor ein paar Tagen geregnet haben. In der Ferne scheint die Wüste grün zu sein, über dem sandigen Boden schwebt ein hauchdünner Schleier, gewoben aus Abertausenden von feinen Halmen, die um uns herum und aus der Nähe betrachtet von Sand und Geröll kaum zu unterscheiden sind. Es ist Schnittlauch. Und schon sind auch Tiere da, Käfer, eine Echse.

Hans im gelben Chrysler Plymouth liess sich als Einziger nicht beeindrucken. Er wollte so schnell wie möglich runter von dieser Strasse, die er eine Zumutung fand. Die Landschaft sei es auch. Monoton und sehr, sehr langweilig. Per Funk meldete er sich ab. Sein Wagen sei für solche Strassen nicht geschaffen. Er wolle auf die Hauptstrasse, die sich irgendwo in der Nähe der Eisenbahnlinie befinde.

Hans glaubte, Hauptstrassen seien auch in der Mongolei asphaltiert. Doch die Hauptstrasse, so wurde ihm mitgeteilt, sei schlimmer als die Route, welche von Robert und der Reiseleitung bestimmt worden war. Und so schaukelte und wogte der gelbe Wagen wie ein Schiff durch die Wüste.

Die Wagenkolonne zog sich immer mehr in die Länge. Trotzdem hiess es von vorne immer nur:

«Weiterfahren.»

«Zwischen 47 und 53 müsst ihr fahren», rief der Kenner, und andere hetzten:

«Los, da vorne, los. Mit 60 übers Waschbett, äh Waschbrett», und schon schoss auch der aufgescheuchte Volvo am Pannenfahrzeug vorbei über Sand und Geröll in die Wüste hinaus.

Andere wieder fuhren so schnell sie konnten über Stock und Stein, was ja geht, wenn mans kann, und sie konnten es. Doch selbstverständlich stachelte das wieder die Vorsichtigeren auf, und so wurde die Walze der rasenden Truppe immer breiter, die Abstecher zu Hütten, Brunnen und den letzten Tamarinde-Akazien immer länger. Die Staubwolken der Spitze verwehten im Wind. Viele wussten bereits nicht mehr, wo sie sich eigentlich befanden, orientierten sich via GPS und Telegrafenstangen, beugten sich übers Steuer, lauschten den Klängen ihres Motors und schalteten das Gehirn aus.

Eine entfesselte Horde liess ihren PS die Zügel schiessen. Und immer jubelten die Buben.

«Nur fliegen ist noch schöner.»

Als Erster blieb der Triumph stecken. In einer Sandkuhle, seine Räder wühlten sich in den Grund. Dann schlug ein Volvo auf. Die Hydraulikstossdämpfer, die für mehr Bodenfreiheit sorgen sollten, versagten, kaum dass sie gebraucht wurden. Doch der Iveco zog den Triumph aus dem Sand, der Volvo konnte ohne Stossdämpfer weiterfahren, und alle waren wieder auf der Piste.

Kurz darauf blieb der Austin Healey liegen, dann knallten auch die Stossdämpfer des zweiten Volvos durch. Ein dritter Volvo – ausgerechnet die Volvos, die alle für robust und sicher hielten – gab im Funk bekannt, dass der Auspuff abgefallen sei und fragte:

«Kann man so noch weiterfahren?»

Wieder jemand, der nicht viel von einem Auto verstand, und die Ratschläge liessen denn auch nicht auf sich warten.

«Abbrechen!»

«Liegen lassen!»

«Mitnehmen!»

Dann setzte ausgerechnet der Notruf des Vorsichtigsten der Wüsteneuphorie ein Ende.

«Ich verliere Öl. Meine Ölwanne tuschierte einen Stein. Ich verliere Öl.»

Sandsturm. Die Sandkörner im Gesicht sind wie kleine Nadelstiche, augenblicklich verkleben Augen, Nasenlöcher und Mund. Der Triumph bleibt liegen, ein Jeep. Die Männer aus dem Begleitfahrzeug überlegen, wie sie die Autos wieder flott bekommen.
Hans-Peter wird die Kappe vom Kopf gerissen. Er rennt hinter seiner Mütze her, rudert mit den Armen durch die Luft, stolpert über Sandhügel und Grasbüschel. Nach wenigen Metern ist er im dichten Sandgestöber verschwunden, vom Sturm verschluckt.
Zu seinem Glück gibt er die Jagd schnell auf und läuft – ohne Mütze – wieder zurück. Ein bisschen kleinlaut und erschrocken.

Als wir die Havaristen erreichten – Volvo und Chrysler standen Seite an Seite –, steckte dort auch noch ein Mercedes im Sand, und einem Citroën war die Bremsleitung für die Hinterräder abgerissen worden.

Vier Autos waren zu diesem Zeitpunkt nicht mehr fahrbar, andere beschädigt, der Anhänger bereits besetzt. Von der Spitze kam immer nur die Aufforderung:

«Weiter, immer weiter!»

Eine Splittergruppe von drei Fahrzeugen hatte sich bereits verfahren und fragte per Funk, wo wir denn eigentlich wären. Die Ausreisser waren – wie bei Barzini beschrieben – den Telegrafenmasten gefolgt, und nun standen sie vor einem Abgrund. Sie konnten zwar noch ein paar Spuren sehen, aber weit und breit kein Fahrzeug mehr.

Wir hingen einen Kilometer weiter südlich, oder nordwestlich, oder östlich, auf jeden Fall im selben Abbruch. Die Splittergruppe musste zurückgelotst werden. Unsere Anweisungen störten den Funkverkehr, so dass für die Aktion eine andere Frequenz gewählt wurde. Die Gruppe wurde getrennt. Wenn auch nur im Netz.

Der rote Volvo rutschte als letztes Fahrzeug in die Ebene. Dann fuhr die Spitzengruppe ohne uns weiter, ohne Begleitfahrzeug und ohne den Mercedes mit der mongolischen Reiseleitung. Sie folgte zwei Einheimischen auf einem Motorrad und dem Tourleader, in dessen MG zwei weitere Mongolinnen sassen, seine Schwägerin und eine Übersetzerin.

Die Havaristen und Nachzügler wurden ihrem Schicksal überlassen.

Durch die Wüste Gobi – immer den Telefonmasten entlang.

Die Transmongolische Eisenbahn – der direkte Weg nach Ulan Bator.

Es waren die Frauen, die sagten, wir bleiben hier. Es war kurz vor acht Uhr abends, und wir hatten noch 75 km zu fahren. Wir entschieden, die Fahrzeuge in die Ebene zu schaffen und sie dort an Ort und Stelle zu reparieren. Alle Fahrzeuge wurden in einem Kreis aufgestellt, und unser Camp wurde zur Wagenburg.

Eine Wagenburg wurde zur Brutstätte einer Meuterei, die unsere Reise grundlegend verändern sollte. Stephan übernahm das Kommando und bestellte seine Adjutanten.

Die klaren Befehle taten den verstörten Wüstenfüchsen erst einmal gut. 24 Personen sahen sich gezwungen, im Freien zu übernachten, in der Wüste, etwas, das wahrscheinlich noch niemand von ihnen schon einmal gemacht hatte, und vor dem alle mehr oder weniger Angst hatten.

Das meiste freilich erledigte sich erst einmal wie von selbst. Die Frauen kümmerten sich ums Essen, sie trugen ihre Vorräte zusammen, die Männer installierten Campingkocher, bereiteten Schlafplätze vor, wer hatte, stellte sein Zelt auf, die mongolischen Reiseleiter sammelten Feuerholz. Und die Spezialisten kümmerten sich um die Autos.

Der gelbe Chrysler Plymouth wurde aufgebockt. Zwei Mechaniker robbten unter den Wagen, andere reichten Werkzeuge, bastelten Ölbehälter, um das Öl aufzufangen, liefen hin und her, machten Fotos und standen im Weg. Die Wanne konnte noch einmal geklebt werden, mit Araldit, der Auspuff des Volvos musste nur zusammengesteckt und befestigt werden, der Healey lief schon lange wieder, er hatte sich am Sand «verschluckt».

Unser Hauptmann hatte die Situation im Griff.

Natürlich flackerten da und dort Gespräche auf, verschaffte sich jemand Luft, natürlich diskutierten wir im Kreis, was nun zu geschehen habe. Einer schlug vor, sich in der nächsten Ortschaft Zelte und Proviant zu kaufen, um dann die nächsten Tage auf eigene Faust die Wüste zu durchqueren. Ein anderer warnte vor der Hauptstrasse, die voller Lastwagen sei, wie wir sie am Zoll gesehen hätten. Die mongolische Reiseleiterin versicherte, es gebe keine asphaltierten Strassen und die Piste könne immer wieder sehr schlecht sein. Jörg pries die kommende Nacht unter freiem Himmel als ein Erlebnis an, das einmal zu den schönsten Erinnerungen dieser Reise gehören werde.

Wenn ich noch länger auf dich höre, überlebe ich diese Reise nicht. (Mustafa zu Roman nach der kalten Nacht in der Wüste Gobi.)

Doch das wollten die Leute nicht hören, sie suchten nach einem Sündenbock, und der war schnell gefunden. Der Mann im roten MG wurde zum Blitzableiter ihrer Angst. Viele sahen in ihm nur noch einen Wirrkopf mit unrealistischen Vorstellungen.

«Durch die Wüste, über Stock und Stein, mit unseren Autos! – Ein Wahnsinn.»

Ich wunderte mich. War denn nicht klar, dass eine Fahrt durch die Mongolei nicht den Genfersee entlang führte?

Wir standen mit Tee, Suppe und Ravioli um das Lagerfeuer. Der Himmel über der Wüste verfärbte sich, das Orange der Dämmerung wurde zum Abendrot, dunkelrote Wolkenbahnen erstreckten sich zum Horizont, verschmolzen mit dem Schwarz der Hügelzüge, und aus dem tiefen Blau der Nacht stiegen die ersten Sterne.

Diszipliniert teilten wir, was wir hatten, schweigend wurden die letzten *«Basler Leckerli»* herumgereicht, wir tranken Cola mit Wodka und legten uns brav zur Ruhe. Einer kroch mitsamt Schlafsack auf die Motorhaube und schnarchte, ein anderer zog den Wüstenboden vor und fror. Ich verkrümelte mich im Autositz und frass eine letzte Tafel Schokolade.

Nach der Entscheidung, die beiden Gruppen zu trennen, glaubten die Schnelleren und Unversehrten, sie hätten nur noch eine Stunde bis ins Camp, zwanzig Kilometer, und das Ziel sei erreicht: ein kaltes Bier und eine warme Dusche.

Sie genossen die schnelle Fahrt in den Sonnenuntergang, die verwehenden Staubfahnen im Gegenlicht. Die Motoren schnurrten, und alle lobten den tollen Tag.

Jetzt endlich fing das Abenteuer an. Hart würde es werden, für Mensch und Maschine, aber schliesslich seien sie heute besser ausgerüstet als ein Fürst Borghese. Mit GPS und Natel, mit Begleitfahrzeugen, Sonnenschutz und Allwetterjacken. Von den Fortschritten in der Mongolei gar nicht zu reden. Fliessendes Wasser und saubere Betten. Hatte Barzini nicht beschrieben, wie er von Flöhen zerstochen wurde oder mit blossen Händen in einem ausgetrockneten Wasserloch nach Wasser grub? Tempi passati. Sie fuhren hinter einem Motorradfahrer her, im MG sass eine Übersetzerin, und der Präsident hatte die Strecke vor einem Jahr getestet, er kannte das Land.

Nach einer Stunde bog der Motorradfahrer von der Piste ab. Es wurde langsam dunkel. Der GPS-Spezialist wollte wissen, warum der Guide den eingezeichneten Weg verlasse, und bekam zur Antwort, der Mann kenne eine Abkürzung.

«Eine Abkürzung? Müssten wir nicht schon dort sein?»
«Gleich. Wir sind gleich da.»
«Was heisst: gleich?»
«20 Kilometer.»
«Das habt ihr schon vor einer Stunde gesagt.»

Rallye Peking–Paris 1907/2007

Die letzten Sonnenstrahlen vor einer kalten Wüstennacht.

Es wurde dunkel, und die Hochstimmung zerstob. Trotzdem fuhr die Gruppe weiter. Sie wusste nicht, wo sie war, bekam keine genauen Antworten, wich laut GPS vom Weg ab. Alle ahnten die Gefahr und hofften doch, bald ins Camp an einen gedeckten Tisch und in die Betten zu kommen.

Mittlerweile waren die Autos auf ihre Scheinwerfer angewiesen. Der Spyker hatte überhaupt keine, andere nur schlechte.

«He, Leute, verdammt noch mal, wohin fahren wir überhaupt? Was wir da machen, ist selbstmörderisch. Mitten in der Nacht durch die Wüste.»
«Keine Panik. Da vorne ist es, wir können die Lichter sehen.»
«Wie weit?»
«Schwer zu sagen, vielleicht 20 Kilometer.»
«Ihr habt doch keine Ahnung, gebt es zu!»

Nach einer weiteren Stunde erreichten sie die Lichter. Es war eine Baustelle. Nun brauste der Motorradfahrer (viele erzählten später, dass er stockbesoffen gewesen sei) in die Nacht hinaus. Die Stimmung wurde gereizter, schliesslich befand man sich mitten in der Wüste, 40-mal so gross wie die Schweiz. Die Mongolin gestand, dass sie keine Ahnung hatte; sie war als Übersetzerin angestellt und nicht als Navigatorin.

Ein Bauarbeiter versprach, ihnen zu helfen. Er kenne den Weg. Es sei nicht mehr weit. Vielleicht noch zwanzig Kilometer. Er fuhr der Gruppe voraus, dann wollte er wieder zurück. Der Weg sei einfach, sie müssten immer nur den Fahrspuren folgen, es gebe keine anderen.

[
Der Mörtel unserer Solidarität ist die Angst.
Die Angst
- vor dem Fremden.
- krank zu werden.
- vor unbekannten Speisen.
- verloren zu gehen.
- vor der Unbill der Natur.
- ausgeraubt, überfallen und bestohlen zu werden.
- als unangenehmer Zeitgenosse in die Wüste geschickt zu werden.
- vor einem Unfall.
- den Kopf oder seine Sachen zu verlieren.
- übers Ohr gehauen, übertölpelt oder über den Tisch gezogen zu werden.
- seine Gastgeber zu beleidigen.
- den Strapazen der Reise nicht gewachsen zu sein.
Die Angst vor einer Panne.
]

«Wo sind wir? Ich will jetzt verdammt noch mal wissen, wo wir sind», und ein Zweiter doppelt nach:
«Wisst ihr, wo wir sind? Ja oder nein?»
«Ich bin die Strecke abgefahren. Es kann nicht mehr weit sein.»
«Also weisst du's nicht.»

Die Gruppe fing an, sich via Funk zu beschimpfen. Robert merkte nicht, dass die Wut ihm galt. Er beugte sich übers Steuer und hoffte auf ein Wunder. Das verdammte Camp. Weit konnte es doch nicht mehr sein.

Sie fuhren durch Senken, schwammen durch weichen Sand, ratterten langsam über endlose Waschbretter. Seit Stunden, so hatten sie das Gefühl, kämpften sie sich durch eine schlecht gesicherte und unbeleuchtete Baustelle. Dann schlug der Triumph zum zweiten Mal auf und blieb stecken.
«Schluss, ich fahre nicht mehr weiter. Ich kann nicht mehr.»

Auch die zweite Gruppe musste in der Wüste übernachten. Mittlerweile war es halb eins.

Jeder begann, sich auf eine ungemütliche Nacht vorzubereiten. Einige hatten ein Zelt bei sich, andere verkrochen sich im Auto. Mit seinen Nachbarn wollte man nichts mehr zu tun haben.

Es waren alles Stümper, Hitzköpfe, gefährliche Schwätzer. Nur einer heulte hinter seinem Steuer. Die Tour war gestrandet. Und warum?

Weil die mongolischen Reiseleiter sie nicht wie versprochen am Zoll abgeholt hatten. Weil die Autos der Teilnehmer nicht sorgfältig genug vorbereitet waren – diese Pannen, ständig hatten sie irgendwelche Pannen –, weil die Fahrer nicht fahren konnten. Weil alle noch zur Bank mussten, und weil diese erst um zwei wieder aufmachte. Weil es zu viele gab, die nur darauf warteten, dass er einen Fehler machte. – Jetzt hatte er ihn gemacht und konnte nichts dafür.

107   2007 – Mongolei

Tafelrunde III: Meuterei in der Wüste Gobi

Frühstück im Ger Camp Gobi Sunrise. Nach einer Nacht im Freien sind alle unversehrt im Camp angekommen. An die Fahrt nach Manlay, die nächste Station der geplanten Reise, ist nicht zu denken. Die Teilnehmer erhalten in einer mächtigen Jurte ein spätes Frühstück. An allen Tischen wird über die Ereignisse der letzten Nacht diskutiert.

In einer Jurte nebenan verhandeln die Sprecher der Meuterer mit dem Tourleader.

KOMBI: Der Mann ist ▮ ehrlich. Ich habe so etwas noch nie erlebt. Er ist einfach immer weitergefahren, ▮ Führerlos sind wir durch die Wüste gefahren.

SILVER: Ein ▮ Er hat uns alle in Lebensgefahr gebracht. Ich habe ja schon einiges mitgemacht, aber so etwas. Wenn einer der Wagen umgestürzt wäre. Der Typ in seiner Gartenlaube soll sich doch mal auf meinen Kutschbock setzen.

EINER: Hängt ▮ ich will ▮ seh'n.

Gelächter, ein paar schütteln missbilligend die Köpfe.

IVECO: Gestern habt ihr noch gejammert, es sei nichts los. Da, der da, der Schreiberling hat sich gefragt, was es denn zu schreiben gebe. Und jetzt? *(zum Autolosen, der immer alles mitschreibt.)* Ja, ja, schreib es auf, schreib! – Jetzt, da es einmal ein bisschen härter wird, wir von einem Abenteuer erzählen können, schreit ihr Betrug. Hilfe, ein Verrückter! – Ausser einer Nacht unter freiem Himmel ist niemandem etwas zugestossen …

SPEED 20: Du warst nicht dabei. Gut, ihr habt das einzig Richtige gemacht, angehalten und campiert. Wir sind wie die Blöden zwei Besoffenen auf einem Motorrad hinterhergefahren. Ein Besessener und eine Reiseleiterin, die noch nie in der Wüste war, gefährdeten …

SILVER: Ich sag' es ja. Selbstmörderisch war das.

GHOST: Du sollst dich nicht immer so aufregen.

BENZ 220: Eine einzige Katastrophe. Der programmierte Wahnsinn.

KOMBI: Ein Rattenfänger hat uns zu einer Tour verführt, die für alle zum totalen Desaster wird. Schon was er in China geboten hat. Das organisiere ich euch in einem Tag.

IVECO: Es stand doch alles im Roadbook. Seit Jahren im Internet. Die Ausschreibung war doch immer klar.

BENZ 220: Der Mann muss verklagt werden, umbringen kann ich mich billiger.

CITROËN: Ich habe mehrmals nachgefragt, mehrmals. Sind diese Etappen zu schaffen? Mit unseren alten Fahrzeugen? – Und immer war die Antwort: Das geht dich nichts an, das ist meine Sache. – Und jetzt? Schon die erste Etappe haben wir nicht geschafft. Wie soll das weitergehen?

KOMBI: Gar nicht, so geht das gar nicht weiter.

EINER: Hängt ▮ ich will ▮ seh'n.

Gelächter, ein paar schütteln missbilligend die Köpfe.

CHEVROLET: Briefing, Uhrenvergleich, Motorenstart, Personenkontrolle, Aufsitzen und Start. Erster Marschhalt in einer Stunde und dreissig Minuten. Die Operation Peking–Paris wird ab sofort vom Schweizer Militär übernommen. Fronteinsatz.

SUBURBAN: Als nach einer Stunde und zwanzig Minuten jemand darum bat, kurz anhalten zu dürfen, weil er unbedingt austreten müsse, verbot das Kommando jeden ausserordentlichen Stopp. Etappenhalt in zehn Minuten. Bis dann werde es wohl noch auszuhalten sein. Unser Oberboss wusste offensichtlich nicht, dass 50 Prozent der Mannschaft bereits an Dünnpfiff litt.

ALFA 2: Wer nicht? Wenn ich hier so zuhöre, dann hatten wohl alle mehr oder weniger die Hosen voll.

Gelächter und Murren.

AUSTIN: Wer es besser kann, soll sich melden.

VOLVO 544: Ich möchte auch sagen, einfach war das nicht, und wir sollten denjenigen, die in die Bresche sprangen, dankbar sein und nicht schon wieder mit faden Witzen …

CHEVROLET: He, he! Ein Spässchen wird man ja noch machen dürfen.

VOLVO 544: Ja, aber … Nein, dafür ist die Lage einfach zu ernst.

KOMBI: Richtig. Ernst ist das Leben, heiter sei die Kunst. – Ist nicht von mir.

CABRIOLET: So schlimm war es nun auch wieder nicht. Auf jeden Fall ein Erlebnis. Wir haben die Situation an sich doch gut gemeistert. Auch als Gruppe. Erst gegen Schluss haben ein paar Leute die Nerven verloren und der Ton am Funk wurde etwas gehässig.

ALFA 2: Dass jeder glaubt, er müsse seinen Frust oder seine Witze gleich via Mikrofon an alle weitergeben, stinkt mir schon lange.

AUSTIN: Du kannst ihn ja ausschalten.

ALFA 2: Das machen wir jetzt dann auch.

Der Vorhang am Eingang wird beiseite geschoben, und der Tourleader und die vier Sprecher der Meuterer betreten das Zelt, die Gespräche verstummen.

BENZ 190: Liebe Freunde. Hier, was wir beschlossen haben. *(Hält ein Diagramm in die Höhe, das die neue Leitungsstruktur darstellt.)* Die Tagesgeschäfte werden ab sofort von einer neuen Führung übernommen. Die neue Führung sind wir.

Applaus.

BENZ 190:	Die Leitung liegt bei Benz 190. Feldweibel ist Healey. Für die Logistik verantwortlich ist Rolls 20/25. Für die Navigation Mercedes 230, und das Reparaturwesen liegt in den Händen von Spyker. Die Strategie der Tour bleibt bei MG YA *(zum Tourleader)*. Ist das richtig so, bist du damit einverstanden?

Der Tourleader nickt, sagt aber nichts, er sieht mitgenommen aus, die veränderte Lage macht ihn hilflos, er muss zuschauen, wie ihm die Leitung der Tour weggenommen wird.

BENZ 190:	Wir haben entschieden, dass die Reise, so wie sie geplant war, nicht durchgeführt werden kann. Die Etappen sind zu gross, unsere alten Fahrzeuge sind den Strapazen nicht gewachsen. Das ist eine Tatsache. Nun geht es darum, Mensch und Maschine sicher nach Paris zu bringen. Mensch und Maschine. Aus diesem Grund ändern wir die Route und fahren auf dem direktesten Weg nach Ulan Bator. Die Autos können nicht mehr als 120 Kilometer pro Tag zurücklegen, also werden wir zweimal campieren müssen. Zelte stellt uns der mongolische Reiseveranstalter zur Verfügung. – Das ist im Übrigen genau die Strecke, die auch Fürst Borghese gefahren ist. Ein Borghese-Memorial braucht sich ihrer also nicht zu schämen.

Zustimmendes Gemurmel.

BENZ 190:	Heute fahren wir erst einmal nicht weiter, sondern erholen uns. – Noch Fragen?
EINER:	Was ist mit den Reservationen, den Attraktionen, die schon bezahlt worden sind. Heute Abend zum Beispiel?
BENZ 190:	Wer von uns kann denn heute noch 340 Kilometer fahren?
HEALEY:	*(ungeduldig)* Schaut euch doch einmal die Karte an.
BENZ 190:	Das gesamte Programm wird gestrichen, wir fahren die kürzeste Strecke. Reservationen und Attraktionen gehen natürlich verloren, dafür werden wir schon Tage vorher in der Hauptstadt sein, können Mensch und Maschinen für die Weiterfahrt fit machen. – Was wir als Programm noch anbieten können, wissen wir im Moment nicht. Wir werden uns Mühe geben. Zumindest an Bier soll es nicht fehlen.

Heiterkeit in der Jurte.

BENZ 190:	Schliesslich machen wir Ferien. – Abendessen 19.30. Ich wünsche allen einen erholsamen Nachmittag.

Applaus, dann leert sich die grosse Jurte überraschend schnell.

Aus dem Tagebuch eines Meuterers
Donnerstag, 21.6. / Ger Camp Gobi Sunrise

2.30
Kann nicht schlafen. Sitze vor Jurte und schreibe im Mondlicht der Wüstennacht. Die Stille ist enorm, auf die Dauer unerträglich. Die Truppe schläft, ab und an schleicht einer ins Scheisshaus. Einige leiden an Durchfall, eine Folge der Aufregungen der letzten Tage. Den einen schlägts aufs Gemüt, den andern ins Gedärm.

Selbst wohlauf, müsste aber schlafen. Bin nicht glücklich über die Bürde, die ich mir aufgeladen, viel Arbeit, ~~wenig Lohn~~ Undank zum Lohn. Vorsicht ~~ist geboten~~. Auch hinter den eigenen Linien sind wir nicht sicher. Zu viele Weicheier. Hoffentlich halten die Fahrzeuge durch.

Sternschnuppe! Mensch und Material! Mehr sag ich nicht.

12.45
Mittagsrast. Versorgung: Lunchpakete. Stimmung: Könnte besser sein. Die Truppe ist nur schwer zusammenzuhalten. Viele Einzelgänger. Fotografen. Muss denn von jeder Kuh, die am Strassenrand verreckt ist, ein Bild gemacht werden?

Jetzt hocken sie im Schatten der Bahnstation und füttern die Kinder der Mongolen mit ihren Broten. Dabei wissen wir immer noch nicht, ob wir heute Nacht genügend Zelte haben, wo wir campieren werden, alles ist immer wieder ungewiss. – Die Mongolei ist nicht die Schweiz.

Komme mir vor wie ein Prediger in der Wüste.

23.30
Tag gut überstanden, kaum Widerstand. Moral der Truppe: gut. Das Aufbauen der Zeltstadt war schwierig, der vorgeschlagene Platz unmöglich.

Zum Glück war noch nichts aufgebaut. Besseren Platz gesucht und gefunden.

Nun haben sich die meisten schlafen gelegt, nur unsere Holländer lärmen im Küchenzelt. Sie saufen das gesamte Bier leer. Doch dank ihrer fahrbaren Werkstatt sind alle Fahrzeuge wieder fahrbereit, auch der gelbe Plymouth. Da heisst es: ein Auge zudrücken.

Der Professor hat es doch tatsächlich geschafft, die Ölwanne ein zweites Mal aufzuschlitzen. Mit dem einzigen Stein weit und breit. Alle anderen Fahrzeuge problemlos durchgekommen. Der Alfa mit Kollektorschaden. – Ein schwieriges Paar, auch die Motzer im Chevrolet. Vom Schreiberling nicht zu reden. Dieser freut sich über jedes Missgeschick, wünscht sich ein Gewitter, einen Sandsturm. Er stänkert, es gebe nichts zu erzählen, weil wir das Reiseprogramm gestrichen hätten. Wir würden an allem vorbeifahren. Leider gibt es noch ein paar andere, die seiner Meinung sind. Im Auge behalten. Er fährt nur mit, hat keinen eigenen Wagen. Wenn er Schwierigkeiten macht, wird er nach Hause geschickt. Er weiss nicht, was es heisst, wenn das eigene Auto zusammenbricht. Lustig ist das nicht. Aber er freut sich über jeden Eintrag in seine «Pannenstatistik». Wie die Leute vom Fernsehen. Denen geht es auch nur um ihre Bilder. Bin trotzdem froh, dass sie uns begleiten. Alle geben sich Mühe, reissen sich am Riemen. Niemand will, als Unruhestifter gebrandmarkt, im Fernsehen kommen. Alle wollen zeigen, wie sie die Situation meistern.

Das Nachtessen war ein Erfolg. Mongolentopf! *«Brot und Spiele»*, das funktioniert auch heute noch. Für Unterhaltung sorgen die Autos – und die Holländer.

Für Morgen hat uns die Reiseleitung einen Event versprochen, Besuch bei Nomaden. – Schwierige Leute, diese Mongolen. Man weiss nicht, ob man sich auf sie verlassen kann. Sie sind beleidigt, weil sie glauben, dass wir uns nicht für ihr Land interessieren.

Die Limousine ist nur schwer zu steuern und das Maskottchen am Rückspiegel tanzt in alle Himmelsrichtungen. Der Plymouth schaukelt durch die Wüste, als sei er ein Schiff. Er wogt und wippt, bald scheint er in den Sand zu tauchen, dann wieder sticht der Bug in den Himmel, um über den Kamm der Dünne geschleudert erneut in den Abgrund zu stürzen.
Das ist kein Autofahren.
Den Stein sieht er schon. Er schmiert über die Scheibe zur Dachkante, schwankt, bleibt schlingernd stehen, sinkt und durchquert erneut die Scheibe, um unterm gelben Rund der Haube zu versinken.
Zack! Tuschiert und aus. Öl rinnt in den Wüstensand.
Zum zweiten Mal innerhalb von zwei Tagen sitzt die Wanne auf.

Ein Rennen

Hashbat Dorj, der Sohn des Bruders meiner Frau, hat sie eingeladen. Gäste aus einem Land, von dem ich noch nie etwas gehört habe. Eine Herde alter Fahrzeuge, sagte Dorj. Damit würden sie von Peking nach Paris fahren. Verrückte.

Aber daran habe ich mich schon gewöhnt, dass mir niemand sagen kann, was die Fremden eigentlich wollen. Warum kommen sie in unser Land? Was suchen sie hier?

Ich weiss, was es heisst, herumzuziehen, immer auf der Suche nach Futterplätzen, nach Weiden, Wasserstellen. Manchmal sind wir Tage unterwegs. Auch wenn sich die Wege gleichen und sich mehr oder weniger jedes Jahr wiederholen, dieselben sind es nicht. Aber wenn einer fragen würde:

«*Gombo, Sohn des Nadmid aus dem Stamm Ekbayar, wo willst du hin?*», so wäre ich um die Antwort nicht verlegen.

«*Ich will dorthin, wo das Gras für meine Tiere wächst, wo wir Wasser finden und meine Familie ein Auskommen hat.*»

Du bist ein alter Mann, Noyon Nadmidyn Gombo, ich weiss, und ob sie dich einen Noyon nennen, weisst du nicht.

Doch was zählt ein Titel, wenn sie in die Stadt laufen und sich in einem Steinhaufen niederlassen, zehnfach übereinander aufgetürmt, ärmer als arm und ohne ein einziges Bodo. Was sind zehntausend Tugrik, verglichen mit einem einzigen Pferd? Wir Nadmids haben mehr als tausend Tiere. Allein Pferde sind es schon achthundert ...

Schweig, Alter, du solltest dich um Dorjs Gäste kümmern, heisst es doch: «*Weilt der Gast auch nur kurze Zeit, so sieht er doch viel.*»

Eine Wahrheit, die sich auch umkehren lässt.

Mein Ältester sollte nach den Fremden Ausschau halten, melden, wenn er ihren Staubschweif in der Steppe entdeckt. Er war ihnen entgegengeritten, um sie mit seinen Reiterkünsten zu begeistern. Für die Jungen sind Besucher immer ein Freudentag. Aber dann kamen die Gäste fast gleichzeitig mit dem Jungen. Dorj kannte den Weg, und ein Sandsturm, der vor einem Gewitter herlief, trieb die Leute zusätzlich an.

Ich traute meinen Augen nicht, als die ersten Fahrzeuge hinter der Krete auftauchten und sich in einer Reihe aufstellten. Übergrosses Ungeziefer, das in die Ebene glotzte, fette Käfer und dürre Spinnen. Der Wind peitschte Staubfahnen durch ihre Reihen, letzte Ausläufer des Sturms, der in die Hügel lief. Dann fuhren sie in die Senke, dem einzigen Ort, an dem noch ein paar grüne Gräser standen. Mein Sohn jagte ihnen hinterher und trieb sie auf die andere Seite des Hanges, der schon lange abgeweidet war.

Ich verzog mich in die Jurte, um meinen Platz einzunehmen. Die Fremden würden schnell genug an die Türe klopfen.

Es war schon ein- oder zweimal vorgekommen, dass Dorj uns Gäste gebracht hatte, und wir hatten immer nur gute Erfahrungen gemacht, auch wenn mich die Unhöflichkeit der Leute immer wieder erschreckte.

Eine einfache Begrüssung wie «*Ta sain baina uu?*» kannte niemand, die allereinfachsten Handzeichen verstanden sie nicht. Sie wussten nie, ob sie nun etwas geben oder gehen oder sich setzen sollten, und unseren Begrüssungstrunk tranken sie so vorsichtig, als würde ihnen unser Airag nicht schmecken, noch bevor sie es gekostet hatten. Ich hatte mir sagen lassen, dass sie nicht wissen, was eine Jurte ist und sie sich deshalb in einem Ger, wie die Jurte bei uns heisst, nicht auskennen. Ich musste das glauben, auch wenn mir nicht in den Kopf wollte, dass so etwas Einfaches so schwierig sein soll.

Die Hauptachse teilt das Rundzelt in zwei Hälften. Die linke Seite ist die Seite der Frauen, des Haushalts und der Familie. Die rechte Seite ist die Seite der Männer, dort lagern Sattelzeug und Waffen. Die hintere Seite, der Türe gegenüber, ist die Ehrenseite. Der mittlere Raum ist für den Alltag bestimmt (hier steht der Ofen), und die vordere Seite, gleich neben der Tür, ist für die Arbeit, für nicht geehrte Leute, Tiere und Gegenstände. Ich als Hausherr weise den Gästen die Plätze zu. Dem ältesten Gast gebührt immer ein Platz auf der rechten hinteren Seite. Dies ist der Ehrenplatz für männliche Besucher, die alle nach ihrem Alter gesetzt werden. Die älteste Besucherin wird auf die linke Seite nach hinten gesetzt. Jüngere Frauen sitzen links, Mädchen neben der Tür auf der linken Seite, Knaben auf der rechten. Das ist doch nicht so schwierig.

Aber immer wieder setzten sich Frauen zu den Männern und umgekehrt. Ein Junger drängte sich in den Hintergrund, und eine Alte blieb unter der Türe stehen.

Beim Eintreten darf der Fuss nicht auf die Türschwelle gesetzt werden. Ein Gast darf die Zeltseile nicht berühren. Das sind uralte Regeln, die bei uns jedes Kind kennt. Wer sie nicht beachtet, bringt Unglück.

Es geriet alles durcheinander und verdarb mir die Freude. Wie ich mich verständlich machen konnte, war mir trotz Übersetzerin eher unklar.

Die Übersetzerin entschuldigte sich für die Tölpelhaftigkeit der Besucher, sie zeigte ihnen, wohin sie sich zu setzen hätten, forderte sie auf, die Trinkschale weiterzugeben, bat sie vom Gebäck zu essen, das auf dem Tischchen hinter dem Ofen bereitgestellt war. Dann erzählte sie mir, woher die Fremden kamen.

Ich habe es nicht so gern, wenn Frauen das grosse Wort führen, aber ich verstand die Fremden nicht, und alles, was ich sagte, musste sie wiederkäuen.

Ein richtiges Reden war gar nicht möglich.

Auf die Fragen der Gäste gab sie wohl gleich selbst eine Antwort, und worüber die Leute lachten, wusste ich nicht. Doch, wie gesagt, es waren nicht die ersten Fremden, die uns Dorj gebracht hatte, und ich wusste schon, dass ich weiter nichts zu tun hatte als zu warten, bis die Gäste ihre Geschenke ablieferten.

Zum Glück keine Tugriks. Was sollte ich mit Banknoten im Sommer? Ich wüsste nicht, wo ich mir damit etwas kaufen könnte. In der Wüste. Abgesehen davon sind Papiernoten schmutzig. Etwas für die Armen.

Die Geschenke waren grosszügig, aber unbrauchbar. Was sollte ich mit einem Dolch, der sich zusammenfalten liess? Was mit einer Mütze, die den Kopf nicht bedeckte? Oder mit einer Blechdose, in der ein Stift lag, den ich mir um den Hals hängen konnte?

Vielleicht, dass die Frauen etwas damit anfangen können.

Danach schauten wir die Herden an. Erst die Kühe, dann die Schafe und Ziegen und zuletzt die Pferde. Meine Söhne zeigten, wie sie mit den Pferden arbeiten. Sie fingen ein Kalb ein und trennten es von seiner Mutter. Sie machten das sehr gut, aber die Fremden schauten gar nicht richtig zu. Sie schwatzten, und einigen tat das Kalb leid, weil es blökte und zurück zu seiner Mutter wollte. Meine Söhne setzten unseren Jüngsten auf das Kalb, damit er den Gästen Glück bringe. Ein Scherz, den die Gäste nicht verstanden.

Dann schlug einer der Fremden ein Rennen vor. Unser schnellstes Pferd sollte mit einem der Autos um die Wette laufen. Der grosse Mann, der das Rennen fahren wollte, liess ausrichten, dass ein solches Rennen schon vor 100 Jahren stattgefunden habe. Damals habe das Pferd gewonnen, und nun wolle er das Rennen wiederholen. Sein Auto sei schneller als der Sieger von damals.

Meine Söhne waren begeistert und die Gäste auch, sie wollten das Rennen unbedingt. Jetzt gleich. Sie wollten einen Kilometer weiter unten starten, das Ziel war vor der Jurte. Ross und Reiter bestimmte ich.

Ayurzan, unser Zweitjüngster – er ist diesen Sommer zwölf Jahre alt geworden –, ein leichter und guter Reiter, sollte für mich laufen. Der grosse, schwere Mann wollte selber fahren. Was für ein Unsinn. Warum bestritt nicht ein leichterer die Fahrt, einer von den kleinen, dünnen? Mit dem Wind fliegt, was leicht ist. Zumal auf einer so kurzen Strecke. Seine Dummheit würde ihn um den Sieg bringen.

So war es denn auch. Ayurzan raste mehr als eine Pferdelänge vor dem Auto durchs Ziel.

Der Junge wurde gefeiert und mit Geschenken überhäuft, ein elektrisches Taschenlicht, ein Klappmesser mit einer Inschrift und die Mütze des Verlierers. Schöne Geschenke, doch Ayurzan weiss, was sich gehört. Wir beschenken nicht den Reiter, sondern den Züchter, und das bin ich. Reiten kann schliesslich jeder, wohingegen das Züchten von Pferden Erfahrung und Geduld braucht.

Der grosse Mann bat mich dann zu sich auf den Kutschbock, damit ein Foto gemacht werden konnte.

Ich setze mich ungern auf das Pferd eines Verlierers. Doch vielleicht ist es bei ihnen ja so, dass sich der Sieger auf den Rücken des besiegten Pferdes setzt, gleichsam als ein weiteres Zeichen seiner Überlegenheit.

Mittlerweile war es dunkel und kalt geworden. Die Fremden gingen in ihre Zelte, ich hörte sie noch, wie sie um ihre Autos standen und Bier tranken, danach wurde es ruhiger. In der Ferne zuckten ein paar Blitze, doch sie waren so weit weg, dass wohl auch diese Nacht höchstens ein paar Tropfen fallen würden.

Jurten, die komfortablen Zelte der mongolischen Nomaden.

Aus dem Tagebuch eines Meuterers
Freitag, 22.6. / Wüstencamp 1 / Nacht

> *Die mongolischen Reiseleiterinnen sind mit uns am Ende. So etwas wie diese Schweizer haben sie noch nie erlebt.*
> *Alle wissen alles besser. Niemand interessiert sich für ihr Land. Sie wollen die Mongolei nicht sehen. Alle reden immer nur von ihrem Auto, das sie heil nach Paris bringen soll.*
> *Die eine ersehnt den Tag, an dem sie die Fremden nach Russland abschieben kann.*
> *Die andere hält die Gruppe für einen Drachen mit 60 Köpfen. Doch wenn die Köpfe es nicht schaffen, den Leib zu kontrollieren, wird das schnell einmal das Ende des Drachens bedeuten.*

2.45
Finde keine Ruhe. Die Nacht ist kalt. Habe mich mit Tagebuch ins Auto gesetzt. Bin mit dem bisher Geleisteten nicht zufrieden. Was wir brauchen, ist ein Grundsatzpapier. Regeln, die verbindlich sind. Wir müssen improvisieren und verlieren zu viel Zeit.

Aufgaben und Ziele:

1. Oberstes Ziel und Aufgabe ~~der Führungscrew~~ der operativen Leitung ist es, Mensch und Maschine heil nach Paris zu bringen. Alles andere hat sich diesem Grundsatz unterzuordnen.
2. Die operative Leitung bestimmt das Tagesprogramm und informiert die Teilnehmer.
3. Jedes Mitglied der operativen Leitung arbeitet autonom in seinem, ihm von der Leitung zugewiesenen, Teilbereich. Es ist aufgefordert, sein ganzes Können in den Dienst der Tour zu stellen. Was für die Crew als Gesamtes ~~gilt~~, gilt für jeden Einzelnen: Mensch und Maschine sind sicher nach Paris zu bringen.
4. Die operative Leitung fühlt sich für das Wohlbefinden der ~~Teilnehmer~~ Truppe verantwortlich und unternimmt alles in ihren Möglichkeiten Stehende, um den Teilnehmern eine erfolgreiche Reise zu garantieren.
5. Wer sich den Anordnungen der operativen Leitung widersetzt, wird auf Antrag der operativen Leitung und durch einen einfachen Mehrheitsbeschluss ~~der Teilnehmer gemassregelt und im schlimmsten Fall~~ ausgeschlossen.
6. Jeder Teilnehmer ist dem Ziel, Mensch und Material heil nach Paris zu bringen, genauso verpflichtet wie die operative Leitung, und es wird erwartet, dass jede und jeder alles in seinen Kräften Stehende unternimmt, um eine möglichst reibungslose ~~Annäherung~~ Fahrt nach Paris zu gewährleisten.
7. Die Tagesbefehle müssen am Vorabend bekannt gemacht werden.

Muss die Punkte unverzüglich mit Team besprechen. Die Pflicht ruft, schlafen können sie zu Hause.

Erdene Zuu, Klosteranlage in Karakorum, der einstigen Hauptstadt von Dschingis Khan.

Aus dem Tagebuch eines Meuterers
Freitag, 22.6. / Wüstencamp 1 – Wüstencamp 2

6.45
Bin mit unserer Diskussion im Morgengrauen zufrieden. Immerhin wurde meine Arbeit gewürdigt. Einzig K war nicht begeistert, dass ich ihn aus dem ~~Bett~~ Schlaf gerissen habe.

Glaube zu beobachten, dass unser Briefing nicht überall ankommt. Es gibt sogar Leute, die verspätet oder überhaupt nicht erscheinen. Ich habe P den Auftrag gegeben zu ermitteln. Er soll sich ein bisschen umhören und mir Bericht erstatten.

Absolut unakzeptabel ist, dass es immer noch Leute gibt, die glauben, sie seien auf einer Ferienreise und könnten machen, was sie wollen. So kommen wir hier nie raus.

Der Start hat sich wieder um 5 Minuten verzögert, ~~weil einige nicht bereit waren~~. Disziplin und Moral lassen zu wünschen übrig. Vielleicht liegt es am Wetter. ~~Hochnebel, Wolken und Boden graue Wüsteneien~~. Der wahre Grund ist, dass die Herrschaften nicht duschen können. Schlaffe Bande. Habe grosse Zweifel, ob die Truppe durchhält. In Ulan Bator muss einmal aussortiert werden, welche Fahrzeuge und Personen bis Paris mitfahren. Die Mongolei ist doch nur ein Vorgeschmack. Wer hier schlapp macht, wird den Strapazen in Russland nicht gewachsen sein. Da genügt ein Blick auf die Karte.

14.30
P berichtet, dass es unter den Teilnehmern einige geben soll, denen der militärische Ton nicht gefalle. Tagesbefehl. Uhrenvergleich. Aufsitzen! Sie seien nicht mehr in der Rekrutenschule. Sie befänden sich auch nicht im Krieg, sondern auf einer Ferienreise. ~~Was hab ich gesagt~~. Eine Kritik, die zu erwarten war. In der Sache allerdings falsch.

Wenn sich die Damen und Herren, ich weiss schon, um welche Leute es sich handelt und kenne meine Pappenheimer, also wenn sich diese Damen und Herren nicht einfügen können, sehen wir uns gezwungen, einen ~~etwas~~ schärferen Ton anzuschlagen. Die Sicherheit der Gruppe geht vor, und dazu gehört nun einmal, dass verbindlich ist, was wir beschlossen haben. Wir haben einen ~~weiss Gott~~ diffizilen Auftrag übernommen, zu einem schwierigen Zeitpunkt, der schlechter nicht hätte sein können, aber wie wir unsere Arbeit machen, muss, ~~verdammt noch mal~~, unsere Sache sein. Wir tragen die Verantwortung.

Es ist uns auch klar, dass wir nicht alle Wünsche berücksichtigen können, doch wir tun, was wir können. Mehr kann niemand verlangen.

Während des Mittagessens festgestellt, dass immer noch einige von uns ernsthafte Verdauungsprobleme haben. Die Scheisserei muss aufhören. Unbedingt mit dem Apotheker sprechen. Eine gesunde Verdauung ist tourentscheidend.

Mitternacht

Die Ereignisse überstürzen sich. Bin entsetzt.

Festzuhalten ist, dass der Tag für die Mannschaft äusserst erfolgreich zu Ende ging. Der Besuch bei den Nomaden darf als grosser Erfolg verbucht werden. Das Rennen zwischen Pferd und Auto. Dass unser Spykerfahrer vom Gas ging, um dem jungen Mongolen den Sieg zu überlassen, ist eine schöne Geste, aber gefährlich. Wir werden unterschätzt. Schon verführt ein gutes Pferd selbst einen Braven zu Diebstahl und Schlimmerem.

Eindrücklich auch der Besuch in der Jurte. Das Getränk, das uns angeboten wurde, allerdings ~~scheusslich~~, absolut schauderbar.

Nach dem Mittagessen kommt es zum Skandal. Die Angelegenheit ist nur schwer zu akzeptieren.

Zwei Teams haben eigenmächtig beschlossen, keine weitere Nacht im Zelt zu verbringen, und sind auf direktem Weg nach Ulan Bator gefahren. Fahnenflucht!

Der offene Ungehorsam ist vor allem deshalb unverzeihlich, weil es sich beim Chevrolet um einen Pannenhelfer handelt. Im anderen Wagen sitzt der ~~vormalige Tourleiter~~ Präsident. Damit dürfte er sich wohl selbst bei seinen letzten Anhängern in Misskredit gebracht haben.

Die Übertretung ist eine Katastrophe. Eine Missachtung und Gefährdung der gesamten Gruppe. Dass eine solche Tat Erfolg hat, eine Tat, welche das Vertrauen in die Operation Peking–Paris unterläuft, ist verheerend. <u>Nun kämpfen wir definitiv an zwei Fronten.</u>

Einen ersten Vorgeschmack erlebt während der Lagebesprechung der operativen Leitung.

Selbst im Leitungsteam wurden die Vorfälle unterschiedlich beurteilt und führten zu ernsthaften Verstimmungen. Ich gestehe: Ich habe für einen derartigen Dolchstoss absolut kein Verständnis und für solche, die dafür Verständnis haben, auch nicht.

Wenn wir unser Ziel erreichen wollen, brauchen wir das Vertrauen aller. Unsere ~~Befehle~~ Anordnungen gewährleisten Sicherheit und sie sind verbindlich. Wir sind keine Einzelkämpfer, sondern eine Truppe. Wir bieten Sicherheit und verlangen Gehorsam. Ohne diesen Grundsatz lässt sich eine Gruppe in dieser Situation nicht führen.

Nasse Zeltwand klatscht mir in den Rücken. Der Sturm treibt Wasser durch die Zeltwand, drückt die Stangen zu Boden. Schweinerei. Das Material der Mongolen taugt absolut nichts.

Im Regen quillt der Ziegendreck. Es stinkt nach Scheisse.

Unterwegs zum Hustain-Nuruu-Nationalpark.

Tafelrunde IV: Stammtischgespräche

Eine ausgewählte Männerrunde versammelt sich um den Stammtisch im «Scharfen Eck», der rollenden Kneipe. Die Tür nach draussen steht offen. Manchmal streckt ein nächtlicher Wanderer den Kopf in den Wohnwagen. Was ihn aus der Wüste lockte, ist die lärmende Heiterkeit, die mit dem Wüstenwind um die Wette heult.

VOLVO 121: Schnittlauch aus der Wüste Gobi. Ich habe ein paar Zwiebeln ausgegraben, bin gespannt, was sie machen, wenn ich sie zu Hause in die Erde stecke.

B 18: Eine Wüste Gobi.

Gelächter. Unter der Türe steht Kombi.

KOMBI: Wüstenkoller oder Protestgeheul? Ihr seid mit 120 km pro Tag wohl nicht ganz ausgelastet? Aber Vorsicht, wenn die Patrouille kommt …

B 18: Welche?

KOMBI: Die mongolischen Reiter.

2000: Besoffen, bevor er etwas getrunken hat?

IVECO: Rückt zusammen, damit er nüchtern wird.

2000: Ravioli sind keine mehr da. Brot kann er noch haben und vielleicht etwas Flüssiges, wenn …

KOMBI: Verstanden. Da, mein Einstand. Was nicht wegkommt, bleibt hier.

2000: Das hören wir gern. Da mach ich doch glatt noch eine Büchse auf. Bei den Manieren. – Auf uns Wüstenfüchse!

230 SL: Füchse? – Mäuse. Wir sind doch Mäuse. Ratten vielleicht. Erst rennen wir alle hinter MG YA her, jetzt verkriechen wir uns im Mauseloch. Vorsicht, der Feldweibel steht schon vor der Tür.

B 18: Anders geht die Chose nicht, anders kommen wir nie durch! Mit unseren Autos. Mehr als 120 km schaffen wir nicht. Das ist eine Tatsache.

IVECO: Nur MG YA schafft mehr. Der schafft auch 350. – Wir sitzen lieber zwei Stunden beim Mittagessen, wir fahren 40 Kilometer in die Wüste hinaus, um einen Zeltplatz zu finden, wir tanzen durch den Sandsturm und hocken in Jurten. – Wären wir mit MG YA gefahren, wären wir alle schon in Ulan Bator.

VOLVO 121: Wir haben abgestimmt …

B 18: Findest du das etwa in Ordnung, dass er sich abgesetzt hat? Der Kapitän verlässt das sinkende Schiff.

VOLVO 121: Damit hat er sich endgültig disqualifiziert.

IVECO: Er hat in Ulan Bator eine Wohnung, seine Frau wartet auf ihn.

KOMBI: Wo geht denn hier ein Schiff unter?

Gelächter.

2000: Erst saufen. Nicht ersaufen.

IVECO: Oh je, konzentrier dich auf deine Ravioli und überlass den Disput den Schriftgelehrten.

2000: Okay, Boss. Auf die Schriftgelehrten.

230 SL: MG YA hat sich abgemeldet. Also ich meine, da muss ich Iveco Recht geben. Das kann man doch verstehen, also ich meine, dass … Dass er keine Lust hat, in der Wüste zu zelten. Schliesslich haben wir, ich meine, wir haben ihn vor die Tür gesetzt. Nun können wir doch nicht verlangen, dass er jeden Blödsinn mitmacht …

B 18: Was heisst denn hier: jeden Blödsinn?

230 SL:	Zehn Tage Ulan Bator zum Beispiel. Dort soll es absolut nichts zu sehen geben. An allem, was die Mongolei zu bieten hat, fahren wir vorbei, aber in Ulan Bator verplempern wir zehn Tage.
VOLVO 121:	Das stimmt ja nicht. Wir machen Abstecher aufs Land. Wir übernachten in Camps.
IVECO:	Aber wir fahren nicht weiter. Heute heisst es, wir werden es nie bis nach Ulan Bator schaffen. Und morgen…
VOLVO 121:	Noch sind wir nicht dort. Niemand von uns weiss, wie die Strassen sind. Ich finde es auch schade… Aber mit unseren Autos ist das nicht möglich, es ist einfach nicht möglich.
IVECO	Ich hätte zwei Gruppen gemacht. Eine – wahrscheinlich die kleinere – fährt mit ein paar kleinen Änderungen die vorgesehene Strecke, die andere fährt so, wie wir jetzt fahren. Immer den Schienen entlang. Unsere mongolische Reiseleiterin hat geweint. «Warum wir die Mongolei nicht sehen wollten?»
B 18:	Weil unsere Autos das nicht geschafft hätten. Mein Gott, bist du schwer von Begriff.
IVECO:	Nein, nur anderer Meinung.
VOLVO 121:	Wir haben abgestimmt, die Mehrheit wollte es so.
230 SL:	Abgestimmt haben wir, ob wir eine weitere Nacht zelten wollen. Ob wir erst frühstücken und dann fahren oder erst fahren und dann frühstücken. Bagatellen. – Aber über die zwei Varianten haben wir nie abgestimmt. Weil wir davon nämlich gar nichts wussten.
VOLVO 121:	Jetzt halt einmal die Klappe. Es geht darum, Mensch und Maschine…
IVECO:	Mensch und Maschine, um Gottes Willen. Ich kann es schon gar nicht mehr hören. Sicherheit über alles.
B 18:	Es sind eben nicht alle solche Abenteurer wie du.
IVECO:	Abenteurer *(lacht, zeigt den andern einen Vogel)*. Abenteuerlich ist die Gruppe, nicht die Reise.
KOMBI:	Abenteuerlich ist, wie du hier gleich rausfliegst.
	Gelächter.
2000:	Hier kann jeder sagen, was er denkt…
IVECO:	Wenn er denkt und uns nicht nur den Schnaps aussäuft.
	Gelächter.
2000:	Prost auf alle Denker und Flieger und wer sonst noch trinken mag.

Selbst in der Wüste elegant, der Rallyefahrer Andreas Honegger.

**Aus dem Tagebuch eines Meuterers
Samstag, 23.6. / Wüstencamp 2 – Ulan Bator**

6.45

Habe schlecht geschlafen, befürchte, mich erkältet zu haben. Alles feucht, nass, stinkt nach Ziegendreck. Meine Wüstenbegeisterung hält sich in Grenzen.

Auch heute kein guter Start. Gleich zwei Fahrzeuge bleiben liegen. Wir lassen sie zusammen mit den beiden Begleitfahrzeugen zurück. Reparatur vor Ort. Die Truppe fährt in die Stadt zum Frühstück. Anschliessend Lagebesprechung und Information der Truppe.

Trotz des gelungenen Abends wächst der Widerstand. Die Leute schlafen schlecht, können sich nicht waschen, die Tage sind lang, die Fahrt anstrengend. Das drückt auf die Stimmung. Die Leute stossen an ihre Grenzen. Eine dritte Nacht im Zelt ist nicht mehr zumutbar.

Das Wetter ein bisschen freundlicher.

*Mongolische Logik
Einer erklärt einem andern, was Logik ist.
«Hast du Streichhölzer?»
«Ja.»
«Dann rauchst du. Wenn du rauchst, trinkst
 du. Wenn du trinkst, hast du gern Frauen.
 Also bist du nicht schwul.»
Der andere nickt.

Etwas später fragt der andere einen Dritten:
«Hast du Streichhölzer?»
«Nein.»
«Ah, so. – Alles klar.»*

11.30

Sehr ärgerliche Besprechung mit dem Team. Auch unter uns gibt es Leute, die absolut nicht begriffen haben, was hier eigentlich los ist.

Wir sind ~~immer noch~~ 28 Fahrzeuge und 58 Mann. Wir irren in der Wüste herum, haben keine Ahnung, wo wir sind, welche Route wir fahren müssen, ob wir den einheimischen Helfern trauen können. Wir kennen die Verhältnisse nicht, sprechen die Sprache nicht. Unterkunft und Versorgung sind schlecht. Wir haben keine Verbindung zur Aussenwelt. Unsere Fahrzeuge sind in einem miserablen Zustand. Wir haben Kranke unter uns. – Was wir hier erleben, ist Krieg.

~~Natürlich weiss ich auch, dass das so nicht stimmt, aber wer mich kennt, weiss…~~ Alles in allem interessante Erfahrung. Vorläufiges Fazit: Es braucht keine Nationen, die einander die Köpfe einschlagen, um die Mechanismen des Kriegs zu verstehen.

Bin müde, die Truppe auch.

Der Rolls-Royce von Gerd macht seit Tagen Probleme. Die Maschine startet nicht und muss immer wieder angeschleppt werden. Heute lässt Gerd den Wagen den Abhang hinunterrollen. Ohne Erfolg. Im Tal bricht auch noch der Schalthebel ab. So kann er nicht fahren.
Die Spykerboys übernehmen den Fall.
Sie legen eine Benzinleitung zu ihrem Generator, schleifen mit dem Winkelschleifer die Bruchstellen blank. Gerd wird hinters Steuer gebeten, er soll den Hebel halten, so, wie er ihn gerne wieder haben möchte. Hans richtet die Teile und fixiert sie gleich mit der Massezange des Schweissgeräts. Mit einem Stück Karton schützt er die Karosserie, die ersten Funken fliegen, dann brutzelt das Metall, eine erste Naht ist gemacht…
Nach rund zwanzig Minuten ist der Hebel angeschweisst. Danach nehmen sie sich der Zündung an.
Rund zweihundert Meter weiter weg hüten die Nomaden ihr Vieh. Vor wenigen Minuten liessen sie sich noch begeistert im Kreis herum fahren, für die wundersamen Kräfte, welche die Spykerboys ihren Kisten entlocken, interessieren sie sich nicht.

Eine Zollgeschichte oder Logik II

Die nicht vorhandene Strasse durch die Wüste hat nicht nur die Menschen durcheinandergeschüttelt, sondern auch die Fahrzeuge. Wer darum die Möglichkeit hat, lässt sich die nötigen Ersatzteile nach Ulan Bator liefern.

Ein Telefon in die Schweiz, und der Bruder, Sohn oder Freund besorgt das entsprechende Teil und lässt es von DHL – dem Marktleader in internationalen Expresstransporten – in die Mongolei spedieren. Nichts leichter als das.

Woran niemand gedacht hat, weder Bruder, Sohn oder Freund: Das Teil muss auf dem hiesigen Zollamt abgeholt werden. Und das ist schwierig.

Ein Paket aus der Schweiz. Ersatzteile für Autos, die es gar nicht gibt. Unhandliche und schwere Dinger, in denen alles Mögliche versteckt sein kann. Schwierig, weil sich mit *«Hallo»*, *«Grüss Gott»*, einem Abholschein und *«bitte sehr mein Paket»* gar nichts machen lässt. Hier geht es um Geduld. Um Geduld und mehr, viel mehr. Auch mit Geduld erreicht einer nur, dass er sich setzen darf.

Von den drei Paketen – einem Auspuff, einem Kollektor und einer Wasserpumpe – ist eines auch wirklich da. Der Auspuff.

Die junge Frau hinter dem Computer der Firma DHL ist vor allem mit der Betrachtung ihrer Haarspitzen beschäftigt.

«Sie wünschen? Ja, das Paket ist da. – Nein, nicht hier, nicht im Büro. Im Zollamt. – Ja. – Nein. – Um die Ecke ist das nicht, aber… – Es ist angekommen, ich habe es Ihnen doch gesagt. – Ja, der Code stimmt. Der Name auch, ja, die Papiere sind in Ordnung. – Nein. Sie müssen warten. – Ich komme gleich. Das Paket ist da, aber Sie können es nicht haben. Es ist im Computer und… Nein. – Ich komme gleich.»

Das Problem ist, die Frau weiss nicht, wie der Computer zu bedienen ist. Was, wo, warum? Wie lässt sich das Paket auslösen? Denn soviel ist klar, einfach das Paket überreichen, *«Hier, bitte schön, und auf Wiedersehen»* geht nicht, abgesehen davon, dass es, wie gesagt, nicht einfach so in ihrem Office liegt. Auf dem Boden, in einer Ecke, vielleicht in einem Gestell? Sieht hier jemand ein Gestell?

Bevor das Paket ausgeliefert werden kann, sind die richtigen Formulare auszufüllen. Die Kosten müssen berechnet werden. Mehrwertsteuer, Lagerkosten, Bearbeitungsgebühren, Transportkosten und und und.

Dass die Speditionsgebühren schon in der Schweiz bezahlt worden sind, weiss sie auch. Das braucht ihr nicht gesagt zu werden. Bitte, ja! Sie kann auch anders. Sie hat es nicht eilig.

Jean-Philippe, der sich um die drei Pakete bemüht, kann der jungen Frau immerhin zeigen, wie sich die Formulare abrufen, miteinander verknüpfen und schliesslich ausdrucken lassen, so dass, nach einer Stunde oder zwei, das Paket auch abgeholt werden kann.

Es geht aber nicht nur um dieses eine Paket, sondern um deren drei, und von den anderen zwei ist von einem absolut nichts und vom anderen noch weniger zu finden. In keiner Liste und in keinem Mail und in keinem Lager schon gar nicht.

«*So ein Paket ist hier nie angekommen*», sagt die Frau, überfliegt zum x-ten Mal den Bildschirm und lutscht an ihren Haarspitzen.

«*Und dieses hier kann noch gar nicht angekommen sein, weil wir erst gestern die Nachricht bekommen haben, dass es unterwegs ist. – Dieses hier kommt morgen, und das da gibt es nicht.*»

«*Dieses hier, das da. Das Paket wurde schon vor Tagen aufgegeben, wir wissen, dass es abgeschickt wurde. Es muss hier sein.*»

«*Sorry, ein Paket mit dieser Nummer haben wir nicht. Auch nicht an... Wie heisst der Name? Nein, auch nicht an... Und was soll das sein? Sorry, nein, das haben wir nicht*», und die Frau schaltet den Computer aus.

Reparatur der Trommelbremse des 122 S in Ulan Bator.

Jean-Philippe ruft den Bruder, Sohn oder Freund in der Schweiz an. «Wann wurde das Paket losgeschickt?»

«Vor einer Woche. Man hat uns versprochen, dass es rechzteitig ankommt.»

«Mit wem habt ihr es geschickt. DHL?»

«Nein. FedEx.»

«Ach so. Ja dann. Alles klar.»

Nun beginnen die Recherchen nach FedEx und ihrem Büro.

«FedEx? Nie gehört. – DHL haben wir. FedEx ist hier nicht.»

«Muss aber. Eines der Pakete wurde mit FedEx hierhergeschickt.»

«Schon möglich, aber haben wir nicht.»

Nach längerem Suchen findet Jean-Philippe ein FedEx-Büro. Ein Hinterzimmer in einem Hotel, etwas ausserhalb, immerhin in der Nähe des Flughafens. Er und sein Übersetzer in ein Taxi und ab, und als sie kurz vor zwölf ankommen, sitzen dort zwei Herren, ihre iPod-Stöpsel in den Ohren, die Füsse auf dem Tisch und knabbern Nüsse. Den Computer haben sie noch gar nicht aufgeschaltet. Läuft das Ding überhaupt? Von der Sache verstehen sie noch weniger als die junge Frau. Es sieht so aus, als ob hier nur einmal im Monat etwas angeliefert würde.

Dann ist das Paket da. Natürlich nicht hier, nicht im Büro, es wurde vor einer halben Stunde ins Hotel geliefert.

Jean-Philippe ins Taxi und zurück ins Hotel. Kein Paket, auch keine Nachricht. Telefon mit FedEx:

«Wo ist das Paket?»

«Unterwegs. Der Fahrer hat sich verspätet.»

Dann, kurz vor Feierabend, taucht der Fahrer auf. Endlich. Aber ohne Paket. Dafür mit den Frachtbriefen. Immerhin. Das Paket ist draussen bei der Zollbehörde.

Am nächsten Tag neun Uhr morgens stehen Jean-Philippe und sein Übersetzer im Büro der Zollbehörde. Die Büros sind noch nicht besetzt. Dann endlich kommt der Mann, der ihnen das erste Paket ausgeliefert hat.

«Hallo, auf Sie haben wir gewartet.»

«Sorry, gestern gut, heute schlecht.»

Der Mann macht heute keine Auslieferung. Doch seine Kollegin kommt gleich. Diese, eine steife Frau mit misstrauischen Augen, will nach einem gründlichen Studium der Papiere erst einmal Geld.

«Geld, wieso denn Geld?»

«Die Mehrwertsteuer muss bezahlt werden. Jetzt gleich.»

«Warum? Das Teil wird einem Wagen mit Schweizer Kennzeichen eingebaut und in ein paar Tagen wieder ausgeführt.»

«Das ändert nichts daran, dass erst einmal die Mehrwertsteuer bezahlt werden muss. So bestimmt dies das mongolische Gesetz. Im Übrigen ist für die Auslieferung meine Vorgesetzte verantwortlich. Ich ziehe nur die Steuer ein.»

Es wird bezahlt. Die Papiere wandern einen Schalter weiter. Ein wahrer Goliath will nach einem gründlichen Studium der Papiere erst einmal Geld.

«Geld, wieso denn Geld?»

«Übersetzungsgebühren.»

Jean-Philippe holt Luft. Kurz bevor er die Nerven verliert, will ihm sein Übersetzer einen Witz erzählen.

«Mongolische Logik. Weisst du, was mongolische Logik ist?»

«Bitte keine Witze. Nicht jetzt.»

Der Schweizer Antragsteller und sein Begleiter werden von Büro zu Büro weitergereicht, das Bündel der Formulare wird langsam kleiner, die abgestempelten Papiere verschwinden in den diversen Kladden, der Schweizer bezahlt, wartet und bezahlt, und irgendwann am späteren Nachmittag steht er um rund 100 Dollar leichter mit einem zwölf Kilo schweren Paket auf der Strasse vor dem Zollgebäude.

«Und das dritte Paket?»

«Ist noch unterwegs. Von London nach Berlin, das ging schnell, nun liegt es dort und kommt nicht weiter. Vielleicht morgen.»

«Und der Witz? Die mongolische Logik?»

«Morgen, wenn wir wieder vor dem Schalter stehen.»

Tafelrunde V: Eine Vollversammlung

Im «Kleinen Saal» des Bayangol-Hotels versammeln sich die Teilnehmerinnen und Teilnehmer, um in einer schwierigen Situation eine Lösung zu finden. Vor den Stuhlreihen ein Tisch, an dem das operative Team Platz nimmt, links ohne Tisch ein Stuhl für den Präsidenten.

Die Heiterkeit der letzten Tage – alle Autos sind repariert – ist verflogen, gedrückte Stimmung, finstere Gesichter.

Der Mediator Benz 220 A eröffnet die Sitzung.

BENZ 220 A: Ich begrüsse euch zu dieser ausserordentlichen Versammlung. Wir müssen in einer schwierigen Situation eine Lösung finden, nicht für den Verein, sondern, wie wir unsere Tour fortsetzen wollen. Ich bitte alle, darauf zu verzichten, alte Rechnungen zu begleichen und konstruktiv in die Zukunft zu schauen. Nach einem guten Gespräch mit MG YA gibt es zwei Varianten, wie die Reise weitergehen kann. – Variante 1: MG YA kehrt zusammen mit einem neuen Team, das ihn unterstützt, zurück und übernimmt erneut die Leitung. Er verspricht, genauer über den Verlauf der Tour zu informieren, und garantiert auf Grund seiner Vorarbeiten eine reibungslose Fahrt…

Gelächter.

BENZ 220 A: Für Russland musste eine Reihe von Spezialbewilligungen eingeholt werden, die von ihm unterschrieben sind. Variante 2: MG YA gibt sein Amt ab und verlässt uns. Das führt zu einer Spaltung der Gruppe, es ist zu befürchten, dass uns weitere Teams verlassen. Daraus entsteht eine finanziell schwierige Situation, da die Hotels, Events und andere Aktivitäten bereits bezahlt sind. – Ich möchte die Reise als Gesamtgruppe beenden, wir kommen alle gemeinsam in Paris an oder…

B 18: Oder gar nicht. Ganz bestimmt nicht mit ▓▓▓▓ der nachts durch die Wüste fährt.

STIMMEN: ▓▓▓▓ Ruhe! Keine alten Rechnungen! ▓▓▓▓

Allgemeines Murren, die Diskussion ist dem Mediator bereits entglitten. Man fällt einander ins Wort und hält sich nicht an Wortmeldungen.

VOLVO 544: Eine Frage. Wenn MG YA uns verlässt, bekommen wir dann die gesamten Infos? Ich meine, das ist unser gutes Recht. Wir alle haben die Reise bezahlt.

MG YA: Ich habe damit kein Problem.

Gelächter.

SILVER: Was ist das für eine Antwort? Die Hotelreservationen, die Infos, die so genannten Spezialbewilligungen. Was ist damit? Erhalten wir deine Unterlagen?

MG YA: Was ihr braucht, bekommt ihr.

SILVER: (aufbrausend) Das ist doch… Unerhört ist das. ▓▓▓▓ an. Was heisst denn das? *«Was ihr braucht.»* Du entscheidest doch nicht, was wir brauchen… Legst du die Papiere auf den Tisch oder nicht? Ja oder nein?

MG YA: Das sind zum Teil sehr persönliche…

SILVER: Ja oder nein?

MG YA murmelt unverständliche Erklärungen.

SILVER: Lauter. Ja oder nein *(zu allen)*. Er soll gefälligst aufstehen, wenn er etwas sagt.

ANDERE: Komm! Pst! ▓▓▓▓ Beruhig dich, das bringt doch nichts.

BENZ 190: Es gibt ein Gerücht. Du hättest noch ▓▓▓▓ Franken für Unvorhergesehenes.

MG YA: Dieses Geld gibt es nicht. Ausser mein persönliches Geld…

BENZ 220 A: Das heisst, es gibt keine Reserven.

MG YA: Vielleicht sind noch ein paar Tausender auf der Bank…

BENZ 190: Wie viel?

MG YA: Vielleicht siebentausend.

TWENTY: Was, das ist ▓▓▓▓ wir haben deine ▓▓▓▓ langsam satt.

HEALEY: Wir werden das überprüfen lassen.

VOLVO 544: Aber die Events haben wir doch bezahlt?

MG YA: Haben wir nicht bezahlt.

VOLVO 544: Die Reitershow?

MG YA: Ist bezahlt.

BENZ 220 S Der ▓▓▓▓ ist das.

SPYKER: ▓▓▓▓ gemacht.

SILVER: Ich finde es einfach ▓▓▓▓ uns hier alle ▓▓▓▓ Das ist einmalig.

V8 CAB: Halt, halt! – Aber das möchte ich jetzt doch auch einmal genauer wissen. Es heisst, du sollst für die Organisation der Reise bezahlt worden sein. Ist das wahr?

MG YA: Ich habe dafür ein Jahr gearbeitet. Der Verein hat die Summe festgesetzt, die Summe plus freie Teilnahme an der Fahrt…

ROYCE: Dieses Geld steht dir aber nur zu, wenn du uns nach Paris bringst.

KOMBI: Das kann er gar nicht. Drei Wochen beschäftigt er uns nun damit, dass er nicht in der Lage ist, die Tour zu leiten. Ehrlich. Wie sah denn seine Führung aus? ▬▬▬ Dass ein Reiseveranstalter uns durch die Gegend lotst. Dafür brauche ich aber ein paar Telefonate und kein Jahr.

ROLLS: Ein Leader muss das Team vereinen. Unter deiner «Nichtführung» geschieht genau das Gegenteil. Das ist es, was ich dir vorwerfe. Auch heute wieder. Du weigerst dich, mit uns zusammenzuarbeiten, und drohst, die Gruppe zu verlassen. Statt Kooperation, die Spaltung. Zweitens: Anstatt zu sagen, was uns in Russland erwartet, sprichst du von Spezialbewilligungen, die an deine Person gebunden zu sein scheinen. Anstatt uns aufzuklären, machst du uns Angst. – Wir lassen uns aber keine Angst machen.

HEALEY: Wo immer MG YA auftaucht, gibt es Zoff.

MG YA: Warum glaubt ihr, kann ich nicht mit euch zusammenarbeiten? Ihr beschimpft mich als Lügner und Betrüger, alles, was ich gemacht habe, ist plötzlich nichts mehr wert. Nun erwartet ihr, dass ich mit euch zusammenarbeite? Wie stellt ihr euch das denn vor?

Pause, die Stimmung scheint sich leicht zu Gunsten des Präsidenten zu verschieben.

BENZ 190: Wir haben versprochen, Mensch und Maschine heil nach Paris zu bringen. Einen ersten Teil haben wir eingelöst. Wir sind alle heil in Ulan Bator angekommen. – Nun ist es aber so, dass es mir nicht mehr möglich ist, auf Grund des Vorschlags von MG YA und auch auf Grund gewisser Vorkommnisse, die mir gezeigt haben, dass ich nicht das Vertrauen aller geniesse – dass es mir nicht mehr möglich ist, meine Aufgaben weiterhin wahrzunehmen. – Ich werde mich darum aus dem Leitungsteam zurückziehen.

Schweigen, danach ein Sturm der Entrüstung.

STIMMEN: Nein, was, warum denn? – Das ist eine Katastrophe ist das. – Wer? ▬▬▬ Sauhaufen, ihr ▬▬ doch alle. – Was ist los? – Gestern Abend soll es zu einem Krach gekommen sein. – ▬▬▬▬▬ – Wie soll das denn nun weitergehen? – Das haben wir jetzt davon, anstatt durchgegriffen, wird lamentiert. – Bitte, liebe Schweizer, bitte, weniger Demokratie, dafür mehr Rückhalt euern eigenen Leuten gegenüber. – ▬▬▬▬▬ Eine Katastrophe.

ROLLS: Ruhe, ich bitte um Ruhe. Damit ist Variante 2 gestorben. Ohne Benz 190 werden wir nicht weiterarbeiten können und wollen. Bleibt Variante 1.

KOMBI: Halt, ihr seid von uns gewählt worden. Zugegeben: Eine Crew braucht eine Mehrheit, und die habt ihr, sogar eine satte. – Dass immer alle einer Meinung sind, ist nicht die Meinung. Aber, nicht dass ich hier falsch verstanden werde, ich … *(zu Benz 190)* Vielleicht überlegst du dir deinen Entscheid ja noch einmal.

Zustimmendes Gemurmel, spürbare Erleichterung.

VOLVO 544: Umgekehrt. Wir müssen umgekehrt vorgehen. Lasst uns doch einmal fragen, ob MG YA überhaupt zwei Leute findet, die mit ihm zusammen die Tour leiten würden.

Stille.

VOLVO 544: Wer ist bereit, mit MG YA zusammenzuarbeiten?

Stille.

VOLVO 544: Niemand?

CHEVROLET 1 Ich würde MG YA helfen.

VOLVO 544 Gut. Und wer noch?

Stille.

VOLVO 544 Niemand mehr. – Ich stelle fest, MG YA findet keine zwei Leute, die ihn unterstützen würden. Das heisst: Variante 1 ist nicht durchführbar. Bleibt eigentlich nur die Frage, ob MG YA die Gruppe verlässt oder als einfacher Teilnehmer mitfährt. Im Übrigen möchte ich Kombi unterstützen und Benz 190 bitten, seinen Entscheid noch einmal zu überschlafen.

Applaus, danach geht die Versammlung auseinander.

Drei Tage später, nach weiteren Gesprächen und Sitzungen steht fest: MG YA wird vor die Alternative gestellt, die Reise anteilmässig zu bezahlen oder die Gruppe zu verlassen. Der Präsident entscheidet sich, allein nach Paris zu fahren.

Benz 190 kehrt nicht wieder ins operative Team zurück. Die verbleibenden Operateure werden die Gruppe nur bis Irkutsk führen, danach soll ein zweites Team bis Moskau und ein drittes bis nach Paris die Verantwortung übernehmen.

Nach den aufregenden Tagen sorgt der Starkoch Anton Mosimann in Ulan Bator für einen kulinarischen Höhepunkt. Im Speisesaal des Khan-Palace-Hotels stellt er ein Heimwehmenu vor, das uns alle näher zusammenrücken lässt.
Vorspeise: Wurst-Käse-Salat mit Hörnli, Essiggurken und mit frischem Dill garniert (Der Käse ist ein russischer Emmentaler.)
Hauptgang: Zürcher Geschnetzeltes (mit Hühnerfleisch anstelle von Kalbfleisch) mit Bernerrösti und Salat.
Dessert: Geröstete Ananasscheibe mit einer leichten Crème brûlée und einer Kugel Vanilleeis.

Dschingis Khan

Der beste Wodka der Mongolei heisst Dschingis Khan Gold. Wer ins zukünftige Ferienparadies sechzig Kilometer hinter Ulan Bator einbiegt, wird von einer 40 Meter hohen Reiterstatue begrüsst, Reiterhorden führen den staunenden Touristen vor, wie Dschingis Khan seine Feinde besiegte, vor dem Parlamentsgebäude schaut der Herrscher des weltweit grössten Imperiums über den Platz und die Stadt zu seinen Füssen. Die mongolische Reiseleiterin nennt ihn einen «*lebendigen Gott*». Dschingis Khan ist überall.

Der mongolischen Legende nach standen am Anfang des Stammbaums von Dschingis Khan ein Wolf und eine Hirschkuh, die sich am Fuss eines heiligen Berges an einer Quelle niederliessen.

Er war der Urenkel des Mongolenfürsten Kabul Khan, der um 1130–50 die mongolischen Stämme vorübergehend vereinigt hatte, und erhielt von seinem Vater den Namen Temudschin, «*der Schmied*».

Im Jahr 1206 gelang es ihm, die verschiedenen Stämme erneut zu vereinigen, und er wurde zu ihrem Herrscher gewählt und erhielt den Namen Dschingis Khan. Nach der Neuorganisation begann eine Serie von Eroberungszügen und als Dschingis Khan starb, hatte sein Reich die Grösse von 19 Millionen km² erreicht und war damit doppelt so gross wie die heutigen USA. Es reichte vom Chinesischen Meer im Osten bis zum Kaspischen Meer im Westen.

Vor seinem Tod im Jahr 1227 teilte er das Imperium in vier Königreiche auf, die er seinen Söhnen und Enkeln übergab. Diese dehnten das Gebiet auf Zentraleuropa aus. In eineinhalb Jahrhunderten bauten die Mongolen eines der grössten Imperien der Weltgeschichte auf.

Soviel zur Geschichte eines Herrschers, der mit seinen wilden Reiterhorden bei uns kaum noch bekannt ist. Dschingis Khan, Attila, die Türken vor Wien; wir bringen alles durcheinander.

In der Mongolei bekommt man bei der überwältigenden Allgegenwart des Eroberers allerdings den Eindruck, die Bewohner des einstigen Weltreichs würden in ihren Stammlanden bald einmal achthundert Jahre auf die Wiedergeburt ihres Helden warten. Sie wären bestens vorbereitet, ihre Pferde sind nach wie vor schnell, ihre Reiter geschickt, und wenn ihre Reiterkohorten im Rahmen einer Dschingis-Khan-Kavallerie-Show über die Hügel auf die Zuschauer zupreschen, kann man sich durchaus vorstellen, wie unseren Altvordern das Blut in den Adern stockte. Als Touristen beklatschten wir Reiterspiele und Ringkämpfe, hockten frierend um Ehrenfeuer und bewunderten Folklore und Ausstellungen. Sogar eine simple Messeveranstaltung, auf der Jurten als Ferienhäuser verkauft wurden, sollte von der Grösse des Herrschers zeugen.

Auch in Ulan Bator stellten wir unsere Autos dem Publikum vor. Wir hatten Freude an den schönen Fahrzeugen und zeigten sie gern, und wir konnten darauf vertrauen, dass der Auftritt gut ankam. Überdies sollte in Ulan Bator die Übergabe der Spenden stattfinden. Eine schöne Geste der Teilnehmerinnen und Teilnehmer, sie wollten nicht nur als Durchreisende in Erinnerung bleiben, sondern sich für die erfahrene Gastfreundschaft bedanken. Und ihre Gastgeschenke durften sich sehen lassen. Es wurde Geld gesammelt, und so konnten gleich drei Projekte unterstützt werden: die Nonnen von «Nôtre Dame», die ein Waisenhaus führen, ein Lama, der die traditionelle Heilkunst fördert, und ein Schweizer Projekt, das sich der Strassenkinder Ulan Bators annimmt, eine Suppenküche eingerichtet und ein Haus gekauft hatte, in dem fünfzig Kinder ein Zuhause fanden.

Vor dem Regierungsgebäude kam es nun zu einem kleinen Festakt. Ein Vertreter der mongolischen Regierung, der Schweizer Botschafter und Delegierte der Beschenkten erwarteten uns. Zu Füssen der mächtigen Statue von Dschingis Khan wurde ein roter Teppich ausgerollt, mehrere Fernsehteams hatten ihre Kameras aufgebaut, und auf der Treppe bereitete sich eine Tanzgruppe vor, die zu den Klängen von Trommeln und Tuben im Wechsel mit dem Gesang eines Männerchors ihre Darbietungen zeigen sollte.

Wir standen zur Fünferkolonne aufgereiht vor dem Saum des roten Teppichs und wussten nicht, was uns erwartete. Das Protokoll des Ablaufs war uns nicht bekannt, und obwohl uns unsere Reiseleiterinnen laufend Anweisungen gaben, wie wir uns zu verhalten hätten, waren alle ein bisschen nervös. Man sagte uns, die Mongolen würden sehr empfindlich auf Verletzungen der Etikette reagieren, doch gerade davon hatten wir keine Ahnung.

Zunächst brauchten wir nur dazustehen und zuzuschauen. Die wunderbaren Stimmen der Sänger schienen aus tiefsten Tiefen aufzusteigen, die Tänzerinnen flogen über die Stufen, Trommelwirbel dröhnten über den Platz, dann verschwanden die Tänzerinnen hinter den Fassaden des tempelartigen Regierungsgebäudes, die Musiker verstummten, und wir wussten nicht, ob wir nun klatschen durften oder als Teil der Veranstaltung zu schweigen hatten.

Wir klatschten nicht, sondern rückten vor. Die Kolonne betrat den Teppich. Immer fünf, so wurde uns hastig zugeflüstert, hatten einer neben dem andern und im Gleichschritt die Treppe hochzusteigen. Oben angekommen sollten wir uns dann dreimal vor der Statue verbeugen und so dem Herrscher der Mongolen unsere Reverenz erweisen, dann nach rechts abschwenken und wieder hinunter auf den Platz marschieren. Nach diesem Zeremoniell sollten dann die eigentliche Begrüssung und die Übergabe unserer Geschenke stattfinden.

[*Bevor wir Ulan Bator verlassen, besuchen uns die Nonnen und ihre Kinder, um sich noch einmal zu bedanken. Die Kinder zwischen drei und fünf Jahren stehen in ihren schönsten Kleidern zwischen den Autos und bestaunen unsere alten Fahrzeuge. Im schönen Cabriolet von Dave dürfen sie auf dem Parkplatz eine Runde drehen. Begeistert klettern sie in den mächtigen Wagen. Doch dann, nachdem Dave den Motor gestartet hat, erschrecken sie über ihren Mut, und als das Auto langsam anrollt, verziehen sich ihre Gesichter. Die Kleinste beginnt zu jammern, dann zu weinen, schliesslich zetern alle.*
Wohin fährt der fremde Mann?]

Mützen weg und auf die Knie, ihr Knechte.

So wurden wohl einst die Gefangenen vorgeführt, wurde die Unterwerfung der Besiegten augenfällig, und es dürfte allein von der Gnade des grossen Khan abhängig gewesen sein, ob und wie sie in seinem Reich fortan leben durften.

«*Seht ihr den Hut dort auf der Stange?*» Ich stellte mir vor, wir würden von Besuchern aus der Mongolei verlangen, dass sie sich vor dem Altdorfer Tell verbeugen. In Frankreich vor Napoleon. Und in Deutschland?

Links
Monumentaler Dschingis Khan für ein Touristencamp.

Rechts
Die lokale Presse berichtet über das Borghese-Memorial.

Der Khan starb vermutlich am 18. August 1227. Die Todesursache ist nicht vollständig geklärt, sehr wahrscheinlich erlag er den inneren Verletzungen eines Reitunfalls.

Den Ort, an dem er begraben wurde, haben angeblich tausend Reiter mit den Hufen ihrer Pferde eingeebnet. Nach der Erfüllung ihrer Aufgabe sollen sie hingerichtet worden sein, damit sie den Platz niemandem verraten konnten. Bis heute wurde das Grab trotz ausgiebiger Suche nicht gefunden.

Dschingis Khan schenkte den Mongolen und weiten Teilen seines gewaltigen Reichs eine lange Zeitspanne Sicherheit und Frieden. Die Völker, denen er Leid und Tod brachte, charakterisieren ihn allerdings als Schlächter, und er gilt bis heute als einer der grausamsten Potentaten der Geschichte.

Danach dann endlich die Reden, Begrüssungsworte, Versicherungen der schweizerisch-mongolischen Freundschaft, die Übergabe der Checks, Dankesworte.

Der Check für die Waisenkinder der Nonnen von «Nôtre Dame» wurde einem kleinen Jungen überreicht. Er sei als Neugeborenes von Hunden im Dreck gefunden worden, berichteten die Nonnen, deren Gesichter eine besorgte Güte und milde Strenge ausstrahlten. Heute trat er als Herrscher auf, im Kostüm von Dschingis Khan.

Der Liebste der vielen Khans ist mir der Geist in der Flasche. Dschingis Khan Gold. – Ein hervorragender Wodka.

Die Schamanin hockt bereits hinter dem Feuer im Dunkeln. Sie trinkt und raucht und trinkt. Dann lässt sie sich ihre Utensilien geben, ein Tuch verdeckt ihre Augen, ihr Kopf wird mit einer goldenen Maske gekrönt. Nach wenigen Trommelschlägen beginnt sie mit rauer Stimme einen Dialog mit Geistern, Schatten, Ahnen. – Wir sollen uns in Acht nehmen vor bärtigen Männern. – Ein paar setzen sich vor die Frau und stellen ihr Fragen. Danach singt die mongolische Volkssängerin erneut eines ihrer unseligen Lieder, zwei Schlangenmädchen verbiegen sich zirkusreif, ein Laserstrahl wird installiert, es schallt Discomusik durch die Nacht und soll getanzt werden.
Es wird einiges geboten, damit die Touristen sich vergnügen.

Die Hauptstrasse quer durch Sibirien.

RUSSLAND
6.7.07–31.7.07
7128 km

«Der Polizeikommissar von Kyachta empfing uns in seinem Amtszimmer und erklärte uns mit finsterem Gesicht, er befinde sich in der Notwendigkeit, mit uns von ernsten Dingen zu sprechen und uns ein wichtiges Dokument überreichen zu müssen.

Der Fürst und ich sahen uns fragend an.

Es war ein kleiner, dicker, alter, gesprächiger und sprachenkundiger Herr. Jetzt hatte er sich in seinen amtlichen Ernst wie in eine Uniform gehüllt.

Er forderte unsere Pässe, um sie zu überprüfen. Dann teilte er uns mit, dass die Zollverwaltung den Befehl erhalten habe, uns zollfrei passieren zu lassen, und überreichte uns, nachdem wir eine regelrechte Empfangsbescheinigung ausgestellt hatten, einige Schriftstücke, die von St. Petersburg gekommen waren und die ebenso viele Beweise des wohlwollendsten amtlichen Schutzes darstellten. Ein Schreiben des Ministers des Innern, der alle Behörden ersuchte, uns im Notfall Hilfe zu leisten, nebst einem Schreiben des Generaldirektors der Reichspolizei, das uns des väterlichen Schutzes aller Polizeiämter versicherte, und drei besonderen Erlaubnisscheinen, kraft deren es einem jeden von uns gestattet war, zwei Revolver bei sich zu führen.

Nachdem die Überreichung vor sich gegangen war, lachte der Kommissar, rieb sich die Hände und nahm die freundliche Miene eines Privatmannes an.

Er erzählte uns die letzten Neuigkeiten aus aller Welt. Die Duma war aufgelöst worden; in St. Petersburg herrschte Ordnung; in Südfrankreich war Revolution; in der Nähe von Neapel hatte sich ein Automobilunglück zugetragen. Dann liess er Champagner bringen und stiess mit uns auf den Erfolg unserer Fahrt an.» (Luigi Barzini)

Unsere Papiere waren in Ordnung. Fahrzeugausweise, Pässe, Visa, Devisen- und Zollbescheinigungen, und von jedem Dokument besassen wir je drei Kopien. Die mongolischen Reiseleiterinnen – die uns doch noch lieb gewonnen und sich tränenreich verabschiedet hatten – hatten uns beim Zoll angemeldet, auf der anderen Seite erwarteten uns bereits russische Reiseleiter. Sie statteten uns mit neuen Papieren aus, unter anderen auch mit einem Empfehlungsschreiben des Reiseveranstalters, das wohl das ministeriale Schreiben ersetzen sollte, das Borghese ausgehändigt worden war.

Die Zollbeamten liessen sich nicht beeindrucken. Weder durch unsere bestens vorbereiteten Papiere, noch durch die ungewöhnliche Wagenkolonne und schon gar nicht durch die Zehndollarscheine, mit denen einige von uns glaubten, das Prozedere beschleunigen zu können. Die Zollformalitäten dauerten von acht Uhr bis zum späten Nachmittag.

Wir standen mit Kopien, Pässen und Fahrzeugausweisen vor Schaltern, füllten Papiere und Erklärungen aus – Name und Adresse, Reiseziel, Devisen, Anzahl der Gepäckstücke, Motoren- und Chassisnummern –, wir fuhren durch Desinfektionsbäder und warteten in der brütenden Hitze vor immer wieder neuen Schranken.

Alte und neue Reisebegleiter flitzten durch die Wagenreihe und dirigierten uns von einer Wartebucht zur andern. Lastwagen drängten sich an uns vorbei, für eine schwarze Limousine und ihre Begleitfahrzeuge mussten die Fahrbahnen freigemacht werden, vor dem Zollamt schrie eine Frau, und von Zeit zu Zeit schritt ein finster blickender Beamter unsere Kolonne ab.

Hinter den Zäunen und einer Reihe schmutziger Bauten – waren es Ruinen verlassener Häuser oder aufgegebene Ställe? – leuchtete die Kuppel einer ehemals prächtigen Kathedrale, von der Barzini behauptet hatte, dass sie *«mehr Schätze birgt als alle Kirchen Sibiriens zusammengenommen.»*

Die Grenzstadt, in der vor hundert Jahren nur Millionäre wohnten, die mit dem Handel von Tee reich geworden waren, liess sich von der Zollstation aus nicht sehen. Dass uns ein Polizeidirektor mit Champagner bewirten würde, erwartete niemand.

Zwei- oder dreimal rückte ein Trupp Soldaten an. Sie hoben längs des Zauns einen Graben aus. Später brachten sie auf einer Bahre in Jute eingeschlagene Bäumchen, die sie in die Gruben warfen und mit Erde zudeckten. Sollte hier ein Schattenhain für zukünftige Grenzgänger gepflanzt werden? Sollte der Todesstreifen, der sich durch die Landschaft frass, unterbrochen werden?

Es war uns mitgeteilt worden, dass immer nur ein Fahrzeug vorrücken durfte, während die anderen hinter einer weissen Linie zu warten hatten. Wenn sich ein Fahrer nicht an die schikanösen Vorschriften hielt, wurden alle zurückgeschickt, oder der Beamte in seinem Kabäuschen schloss den Schalter und stellte seine Arbeit ein. Wir hockten in unseren Autos. Die einen schwitzten unter einem Blechdach, und die Cabriofahrer versuchten, sich mit einem Schirm vor der Sonne zu schützen. Stundenlang tat sich gar nichts, und niemand wusste warum.

Wer die Kontrollen hinter sich hatte, wurde aufgefordert weiterzufahren. Die ersten zehn Fahrzeuge fuhren kurz nach zwei Uhr Richtung Ulan-Ude, unserer nächsten Station, die letzten abends um fünf. Von Kyachta, das Fürst Borghese einen so begeisterten Empfang bereitet hatte, weil die Teebarone hofften, das Automobil würde ihre Geschäfte beleben, sahen wir nichts.

Das Land ist weit, der Zar ist fern.
(Geflügeltes Wort in Sibirien)

Von 1924 bis 1992 war die Mongolei ein Satellitenstaat der UdSSR. Die Russen hatten versucht, die Nomaden zu sesshaften Bauern zu machen, womit sie sich zumindest in den nördlichen Gebieten durchgesetzt hatten. Schon lange vor Suhbaatar fuhren wir an riesigen Kartoffelfeldern vorbei, später kamen Weizen, Mais und Gemüsekulturen hinzu, und in Suhbaatar stand eine Mühle mit unzähligen Silotürmen, eine gigantische Fabrik, die an ein Chemie- oder Zementwerk erinnerte.

Die Mühle war eine Ruine.

Nach den freien Wahlen von 1992, der Gründung der demokratischen Republik Mongolei zogen die Russen ab. Und die Nomaden, die gezwungen worden waren, auf den Feldern der Kolchosen zu arbeiten, nahmen ihre alte Lebensweise wieder auf. Es wurde kein Getreide mehr angebaut, die Mühle hatte nichts mehr zu mahlen und verlotterte.

Je näher wir der Grenze zu Russland kamen, desto klarer waren die politischen Einflüsse der letzten Jahrzehnte abzulesen. Die Un-Orte, in denen die Nomaden angesiedelt wurden, zerfielen und wurden zu Geisterstädten.

Zwischen Skeletten geplünderter Plattenbauten, ausgebrannten Ruinen standen Jurten, Viehherden streiften durch die einstigen Grünanlagen, und in den überwucherten Kasernenhöfen der Besatzer weideten die Pferde der mongolischen Reiter. Bilder der Verwahrlosung, und die Erinnerung an die Schönheit eines einsamen Rundzeltes in einer unberührten Landschaft verblasste schnell.

Ich hoffte, dass sich dies in Sibirien ändern würde, hoffte, dass die traditionell bäuerliche Bevölkerung die Planwirtschaft der Sowjets besser überstanden habe als die Nomaden.

Die Landschaft nach der Grenze veränderte sich rasch. Mit jedem Kilometer wurden die Wiesen und Felder grüner, es gab wieder Bäume, einzelne Birken, Tannen, schliesslich Wälder. Die Strasse schlängelte sich die Hügel entlang. Wir durchquerten fruchtbare Ebenen mit satten Feldern, Flussläufe glitzerten in der Sonne; an Blumenfeldern vorbei tauchten wir in Wälder; Sonne und Schatten lichterten über den Asphalt; hinter einer Kurve in der Ferne ein See und über eine Kuppe und hinunter durch die lila Felder wogender Weidenröschen, kilometerweit und immer weiter durch neue Wiesen, Waldrändern entlang, an Mooren und Sümpfen vorbei, durch Lichtungen folgten wir wie verzaubert dem schwarzen Band der Strasse.

Keine Dörfer, keine Höfe, keine Menschen, und irgendwann begannen wir uns zu fragen, wer hier lebte, wer die Felder bestellte. Scheinbar endlos zog sich die Strasse dahin, ohne einen Ort mit einem nächsten zu verbinden.

Die ersten Gebäude, die auftauchten, waren die Ruinen einer Kolchose. Ställe, aus deren Dächern Birken schlugen, eingestürzte Scheunen, Höfe, in denen ausgeweidete Maschinen verrosteten. Kurz danach erreichten wir ein erstes Dorf. Beidseits der Strasse standen kleine Holzhäuser, einstöckige, freundliche Häuschen um einen Kamin gebaut mit weissen Fensterrahmen, Schnitzereien und mit Ornamenten verzierten Läden. Hin und wieder schienen zwei Häuser aneinandergebaut sich gegenseitig zu stützen, aber nicht eines tanzte aus der Reihe und alle waren sich mehr oder weniger ähnlich. Zu den Häusern gehörte ein Schopf, vielleicht ein Stall, und um sie herum waren Gärten, immer ein Kartoffelacker, ein paar Gemüsebeete, Lattenzäune und Blumenstauden.

Die Idylle des russischen Dorfes, die Heimat der «*russischen Seele*»?

Gut, ab und zu entdeckte man ein Haus, bei dem man sich fragte, ob es noch bewohnbar sei, und wo ein paar Fensterläden oder Türen gestrichen worden waren, musste es schon eine Weile her sein, so verblichen, wie die Farben waren. Reiche Leute wohnten hier nicht – alles in allem immer noch schöne Fotomotive.

Doch je länger man schaute, desto schäbiger und baufälliger wurden die Häuschen. Offensichtlich mussten sie nach jedem Winter geflickt werden, irgendwie, mit Materialien, die gerade zufällig vorhanden waren. Mit Blechen, Holzlatten, Brettern. Die Dächer sahen erbärmlich aus, man konnte fast riechen, wie sie vermoderten.

Am Dorfrand dann erneut die Ruinen aufgegebener Kolchosen, verrostende Überreste landwirtschaftlicher Maschinen, von schiefen Masten herabhängende Kabel, überquellende Müllhalden und Unrat und Abfall…

Die Idylle des russischen Dorfes war ein Trugbild.

Dann wurden die Abstände zwischen den Dörfern immer kürzer, aber alle sahen immer gleich aus, während Tausenden von Kilometern. Und zu jedem Dorf gehörten die Ruinen der Kolchosen, die armseligen Behausungen, Unrat und Müll.

Kilometer um Kilometer ohne Häuser, ohne Menschen.

> *«Zu verkaufen an schönster Lage mit Seeblick. In Gusinoozyrsk, 102 km vor Ulan-Ude. Unverbaubare Hanglage, ruhig. Gute Einkaufsmöglichkeiten im nah gelegenen Städtchen Gusinoozyrsk (25 000 Einwohner).»*
>
> *Am Hang über dem See Gusinoye sind alle Häuser verlassen, eine Siedlung, wie sie sich vielleicht mit einem Einfamilienhang in der Schweiz vergleichen lässt, steht leer. Die Räumung der Häuser muss ungefähr gleichzeitig stattgefunden haben, die verschiedenen Häuser sind sicher nicht gleich alt und in gleich gutem Zustand, aber ihr Zerfall ist bei allen etwa gleich weit fortgeschritten. Was ist geschehen? Eine mögliche Erklärung ist der Gestank, der den Hügel hinaufweht. Unten am See rauchen die Schlote einer Fabrik. Sind die Abgase aus den Schloten lebensgefährlich? Wurden die Häuser von einem Spekulanten aufgekauft, soll hier ein modernes Wellness-Center entstehen? Ein neues Bergwerk? Sind die Bewohner kollektiv ausgewandert? Was ist geschehen? Warum stehen alle Häuser leer?*

Randnotizen einer Beifahrerin

07.07.07 Diese Wiesen, diese Felder. Seit ich ein kleines Mädchen gewesen bin, habe ich nicht mehr solche Blumenwiesen gesehen. Ich könnte mich hineinlegen und einen ganzen Tag in den Himmel schauen, zwischen den Köpfchen von Margeriten und «Gufechüssi» (Skabiosae) und über mir die Wolken, einfach zuschauen, wie sie durch den Himmel treiben, sich auflösen und als feine Schleier aus meinem Blickfeld entschwinden. Wo gibt es bei uns noch solche Wiesen? Manchmal kann ich sie riechen, wenn wir an ihnen entlangfahren, ein wunderbares Gemisch aus Blütendüften und *«Chäferfürzen»*.

Ein paar Mal fahren wir durch gelb blühende Felder, die nach Sonne und süssem Honig riechen. Ich hielt es für Raps. Es war kein Raps, vielleicht eine Kleesorte. Honigklee? Hornklee kenn' ich, aber Honig. Es könnten auch wilde *«Leuemüüli»* sein, die sich auf dem Brachland ausbreiten wie die Weidenröschen, die sich lilarot über Kilometer zwischen Wäldern hinziehen, ein einziger Teppich. – Sommertage in Sibirien. So schön hab' ich mir das nicht vorgestellt.

Baden im Baikalsee. Die Männer tauften das Ufer: Borghese-Strand. Alles dreht sich um ihre Autoreise. Immer gibt es welche, die glauben, wir müssten so schnell wie möglich weiterfahren. *«Kilometerfrässe!»* Die meisten von uns werden nie wieder hierherkommen. Wir sind jetzt da und müssen schauen, riechen, geniessen. Alles, an dem wir vorbeigefahren sind, ist vorbei, unwiederbringlich und für immer.

Anstatt in einer Blumenwiese liege ich auf sonnenwarmen Kieseln. Auch gut.

Bevor ich den Zettel verliere: ein Dessert aus der Mongolei, Apfel, Pfirsiche (aus der Dose), Baumnüsse und Stangensellerie, leicht gesalzen. – Sehr mongolisch ist das allerdings nicht, aber gut wars.

Mittagsrast am Baikalsee.

Ein Sonntag in Irkutsk

«Wer war Barock? Wo lebt die Transsibirische Eisenbahn? Können Sie mir sagen, was diese Statue im Park schaut? Was sucht eine katholische Kirche? Es war hier einmal ein schöner Platz, warum? Sie wissen nicht? Und das schlechte Haus im Hintergrund, gefällt es Ihnen? Von Sibirien haben Sie gehört?»

Die Fragen der radebrechenden Reiseführerin waren schwer zu beantworten. Vielleicht hatte ich sie auch nicht richtig verstanden. Vielleicht wurden ihre Worte von einem vorbeifahrenden Bus übertönt oder gingen im Knistern ihres Mikrofons unter. Zum Glück waren die Fragen ohnehin rhetorisch. Auf so schwierige Dinge hatten wir keine Antwort zu haben.

«Wer waren die Dekabristen? Sie wissen es nicht?»

«Doch!», meldete sich Ursula trotzig. «Adlige, die einen Aufstand gegen den Zaren wagten.»

«Nicht ganz. – Sie unterlagen und wurden in die Verbannung geschickt. Viele sogar getötet, andere kamen um, starben auf dem Weg oder in den Bergwerken. Immer mit Ketten gefesselt. Sie waren rechtlos, verloren ihre Titel und überlebten nur wenige. Aber, und das ist interessant. – Wissen Sie, was ihre Frauen machten? – Sie wissen es nicht. Sie gaben alles auf und kamen hierher in Sibirien. Zum Beispiel die Fürstin Jekaterina Iwanowna Trubezkaja. Sie folgte im Jahre 1826 ihrem Mann. Der Dekabrist Sergej Petrowitsch Trubezkoi (1790–1860). Wo sie auch 1853 starb. Wir stehen hier vor der Kirche ‹Maria Erscheinung› an ihrem Grab und drei Söhnen. – Sehr gut. Wenn ich Sie jetzt bitten darf, wir gehen um die Ecke. Kommen Sie und sehen: Hier liegt auch das Grab von Gregori Schelechow, einem der Begründer der russisch-amerikanischen Handelsgesellschaft. Er war Kaufmann, Reisender, Forscher und Seefahrer, der Alaska und Kalifornien erreichte.»

«Der russische Kolumbus», wagte einer von uns dazwischenzurufen und erntete ein irritiertes, leicht verärgertes Lächeln unserer Reiseführerin.

Es war einfach zu viel. Ein Bocksspringen durch die russische Geschichte. Von der polnischen Kirche zum Grab des Unbekannten Soldaten. Von Gagarin zum Haus der «Prinzessin von Sibirien». Von Alexander dem Dritten, der die Transsibirische Eisenbahn bauen liess, zu den beiden Häusern, aus denen in den Revolutionsjahren «Rote» und «Weisse» aufeinander geschossen hatten. Viel Leid, viel Blut, und dazwischen immer wieder Kirchen. «Maria Erscheinen», «Kazansky», «Erlöser», die grossen frisch vergoldet, die kleinen eingerüstet. Kein Zweifel: Die goldenen Zwiebeln erlebten eine Renaissance.

> Nach den Strapazen in der Mongolei – Materialermüdungen. Es kommt immer häufiger zu Pannen, bei denen menschliches Versagen ausgeschlossen werden muss.
> Im Gegenteil. Die Fahrer und ihr Geschick sind es, denen es zu verdanken ist, dass die Panne keine schlimmen Folgen hat.
> Was macht ein guter Fahrer, wenn ein Rad abbricht? Wenn die Bremsen versagen? Wenn ein Pleuellager zu schlagen beginnt? Wenn das Chassis bricht?
> Sie wissen es nicht? – Dann hüten Sie sich vor Peking–Paris!

Doch irgendwann konnte ich nicht mehr und gönnte mir einen Sonntag in Irkutsk.

Irkutsk, am Ufer des Flusses Angara nur wenige Kilometer vom Baikalsee entfernt, ist die Hauptstadt Ostsibiriens und mit rund 600 000 Einwohnern Dreh- und Angelpunkt für den Handel mit China. Holz und Pelze gegen Seide und Tee.

Ihren speziellen Charakter und ihre Schönheit verdankt die Stadt allerdings weitgehend den Frauen und Männern, die nach Sibirien verbannt worden waren; den russischen Adligen, die im Dezember 1825 gegen Zar Nikolaus I. revoltierten, den polnischen Freiheitskämpfern, die sich 1864 geschlagen geben mussten, den Revolutionären und Konterrevolutionären. Immer war es für St. Petersburg, später Moskau, bequem, Aufmüpfige, Stänkerer, Kritiker, Saboteure und Störenfriede in einen der hintersten Winkel von Sibirien abzuschieben.

Aber obwohl die Deportierten ihrer Titel und Ämter enthoben, rechtlos und ihrer Vermögen beraubt waren, versuchten sie, ihren einstigen Lebensstandard wieder aufzubauen – und so erhielt Irkutsk den Übernamen *«das Paris des Nordens»*.

«Kindergärten, Schulen, die Universität… – Und das Theater!», spukte mir die Reiseleiterin erneut durch den Kopf. *«Ja, auch das Theater. Sibirien verdankt seinen Fortschritt den Verbannten, der verfolgten Intelligenz. Vor allem den Frauen der Dekabristen, der Fürstin Trubezkaja, deren Grab wir besucht hatten, und der Fürstin Maria Nikolajewna Wolkonskaja, die als ‹Prinzessin Sibiriens› verehrt wird. Ihre Wohnhäuser stehen noch. Heute sind sie das Dekabristen-Museum.»*

Wir waren daran vorbeigefahren, zumindest glaubte ich, mich an die blaugraue Bemalung der Häuser erinnern zu können. In einer schmalen Strasse voller reich verzierter Holzhäuser unter alten Bäumen. Da wollte ich hin.

Im Freilichtmuseum Talzy.

Ich spazierte durch die Karl-Marx-Strasse, ungefähr in der Richtung, in der ich Marias Haus vermutete, und staunte über die vielen, schönen Gebäude. Jugendstilbauten, Stadthäuser mit Erkern und Verzierungen, dazwischen immer wieder kleinere Holzhäuser, wie sie für Sibirien typisch waren. Ich studierte die Theaterplakate – ein Theater in Sibirien mit einem eigenen Ensemble und um die Ecke ein Opernhaus, Kleintheater und eine Musicalhalle. Ich war überrascht, und das nicht zum ersten Mal. Sibirien entsprach nicht meinen Vorstellungen. Düster, grau und kalt war diese Stadt wahrscheinlich auch im Winter nicht, und die vielen Museen und Theater erinnerten tatsächlich eher an Paris, als dass sie meine Klischees von einer stumpfsinnigen, wodkaseligen und brummigen Bevölkerung, die in schäbigen Holzhütten ein ärmliches Leben führte, bestätigt hätten.

Was Gruppenreisen so anstrengend macht, sind die vielen Wartezeiten. Ständig bekommen x Leute gesagt, was sie in den nächsten paar Stunden zu tun haben, und selbstverständlich stehen dann x Leute gleichzeitig vor der Hotelréception, wollen zur selben Zeit ihr Auto aus- oder einräumen, wollen noch ein letztes Mal auf die Toilette usw. Immer und überall, für alles und jedes wird gewartet, muss ein jeder Schlange stehen, und immer hat es für x Leute keine Sitzplätze, keinen Schatten, keine Cola und kein gar nichts. Und einer ist immer der Letzte. Warten zehrt nicht nur an den Nerven, es macht auch müde, richtig hundemüde. – Ein guter Nährboden für Gruppenkoller.

Die vielen verschiedenen Menschen, die sich hier während Generationen mischten – Tataren, Russen, Polen, Kirgisen… – spiegelten sich auch in den heutigen Einwohnern, und ich vergass meine Suche nach Museen und Häusern. Im Leninpark versammelten sich Familien mit kleinen Kindern, in den Einkaufsstrassen flanierten junge Leute, und zu Füssen Alexanders III. – wurde getanzt.

Auf einer Bank im Schatten sassen drei Musiker – eine Handorgel, ein Blasinstrument, wahrscheinlich eine Klarinette, und ein Hackbrett –, sie rauchten, tranken, lachten und spielten zum Tanz auf. Vor ihnen schaukelte eine bunt kostümierte Menge, viele Alte, wenig Junge, Mütter mit ihren Kindern, sportliche, elegante Tanzpaare, die auftraten, als ginge es um einen Wettkampf, und weniger ehrgeizige, die ein paar Tänze lang durch die Menge schunkelten.

Gleich vor mir tanzte eine ältere Dame, eine grosse Dürre in einem schillernden Kleid in Lila und mit violetten Haaren. Ein bisschen steifbeinig ging sie zur Sache, aber immer im Takt und unermüdlich. Zwei Schrittchen vor, eines zurück und eine kleine Drehung, ein leichtes Wiegen in den Hüften und wieder vorwärts, eins, zwei und zurück das Ganze noch einmal. In der Armbeuge schwang ihr weisses Täschchen mit.

Eine andere drehte sich lächelnd im Kreis herum und schaute den Enden ihres farbigen Schals nach, die sie flügelschlagend auf- und niederschweben liess.

Ein Herr im schwarzen Frack mit Bauchbinde, die Hosen sassen etwas allzu stramm, verbeugte sich gekonnt vor zwei Damen, einer ganz in Weiss und einer Goldigen, die ihm mit gestreckten Armen ihre Händchen zum Kusse überliessen. Er schien Grosses vorzuhaben, wurde dann aber durch ein blind vor sich hinschiebendes Paar gestört, das gar nicht mehr wusste, wo es war. Das Trio verzog sich in den Hintergrund, wo es für seine raumgreifenden Tanzschritte etwas mehr Platz fand.

Ich sass zwischen verliebten Paaren und trinkenden Männern auf der Quaimauer des Gagarin-Boulevards über der Angara und verträumte einen Sonntag in Irkutsk.

Da warens nur noch …

Der Alvis Mayfair von Team 6 musste die Rallye schon in Datong aufgeben.

Der MG YA von Team 3 fuhr nicht mehr mit der Gruppe, sondern schlug sich allein durch Sibirien, Russland … Er erreichte Paris, gehörte aber nicht mehr dazu.

Da warens zwei.

Den MG A von Team 27 erwischte es einen Tag vor der Grenze zu Russland. Aus den Gewinden für die 3. und 4. Kerze spritzte Wasser. Die Zylinderkopfdichtung musste ausgewechselt werden, und Peter hatte keine Ersatzdichtung dabei.

Da warens drei.

Der Rolls-Royce Silver Ghost von Team 13 brach kurz vor Irkutsk auseinander. Buchstäblich. Ein Chassisbruch zwischen den Vorderrädern, ein Rad fuhr nach rechts, das andere nach links, der Wagen kam ins Schleudern. Für Gerhard ein Schock und grosses Glück für Team 13, das den Wagen, ohne einen weiteren Unfall zu verursachen, anhalten konnte. Hans vom Spykerteam schweisste die Karosserie zwar wieder zusammen, trotzdem gaben Anna und Gerhard die Rallye auf.

Da warens vier.

Dem Alvis Speed von Team 5 brach nach einer Rast am Baikalsee der Öldruck zusammen, der Motor verlor an Leistung. Ein Pleuellagerschaden. Der Wagen musste abgeschleppt werden. In Irkutsk zerstoben auch die letzten Hoffnungen. Eine Reparatur war nicht mehr möglich. Für das seltene Sammlerstück liessen sich in Sibirien keine Ersatzteile finden.

Da warens fünf.

Christopher, der neue Beifahrer von Klaus, bringt die Ersatzteile für Peters MG. Eine neue Zylinderkopfdichtung.
Auf dem Parkplatz vor dem Hotel ist alles vorbereitet. Stephan, Marco und Hans (Spykerboy) sind die Mechaniker, Peter der schnellste Zulieferer von Schrauben, Muttern, Unterlegscheiben und den jeweiligen Teilen, welche die Mechaniker gerade brauchen. Sechs Hände arbeiten gleichzeitig Hand in Hand, ohne einander in die Quere zu kommen, Worte brauchen keine gewechselt zu werden, Köpfe und Hände haben sich zu einem Übermechaniker zusammengefunden, und nach knapp zwei Stunden läuft der Wagen wieder.
Detail am Rande: Christopher hatte Schwierigkeiten am Zoll. Das Gepäckstück mit den Ersatzteilen sollte beschlagnahmt werden. «Ersatz? MG? Peking–Paris? – Njet!»
Doch dann pappten die Beamten das Verdikt auf den falschen Koffer, und so wurden die Ersatzteile nach Irkutsk geflogen, Kleider und Ausrüstung von Christopher blieben in Moskau. Des einen Leid, des andern Glück.

Der Alfa Romeo Giulietta Spider von Team 20 blieb etwa 100 km hinter Irkutsk liegen und kam auf den Anhänger der Spykerboys. Vor dem Sanatorium in Sajansk wurde die Kompression gemessen. Drei Zylinder waren in Ordnung, einer zeigte überhaupt nichts mehr an. Es musste eines der Ventile durchgebrannt sein. So konnte der Wagen nicht mehr weiterfahren.

Da warens sechs.

Der Rolls-Royce 20/25 von Team 4 hatte bei der Einfahrt nach Krasnoyarsk einen Unfall. Weil ein entgegenkommendes Fahrzeug sich den Konvoi der Oldtimer genauer anschauen wollte und seine Geschwindigkeit stark reduzierte, konnte ein nachfolgender PKW nicht mehr rechtzeitig bremsen und scherte, um einen Auffahrunfall zu vermeiden, nach links aus, er tuschierte den Rolls-Royce und stürzte über die Böschung. (Zwei Erwachsene und zwei Kinder kletterten zum Glück unverletzt aus dem Unglückswagen.) Das Chassis des Rolls freilich hatte sich um mehrere Zentimeter verschoben, ein Längsträger war eingetaucht, ein Kotflügel und der Kühler hingen zur Seite. An eine Weiterfahrt war nicht zu denken.

Da warens nun schon sieben.

Der Triumph TR4 von Team 23 blieb gleich nach dem Start in Krasnoyarsk liegen. Das Kreuzgelenk der linken Antriebswelle war gebrochen. Wo sollte hier, immer noch mitten in Sibirien, ein Kreuzgelenk für einen so speziellen Wagen gefunden werden? Es war schon eine grosse Portion Glück, dass Marco für seinen Healey ein Kreuzgelenk dabeihatte und dass dieses passte. Dank der resoluten Übernahme einer Krasnoyarsker Werkstatt konnte der Triumph gegen Mittag wieder weiterfahren.

Trotzdem: Da warens acht.

Das Ford V8 Cabriolet von Team 7 hatte schon einen Tag vor Kuybyshev Probleme, in dem kleinen Provinznest wurde dann klar, dass das Getriebe des Wagens kaputt war. Ein Zahnrad und ein Synchronisationsring waren gebrochen, der Wagen liess sich nicht mehr schalten und konnte nicht mehr

weiterfahren. Auch für den Ford musste ein Anhänger organisiert werden.

Da warens neun.

Der Jeep Willys CJ 3B von Team 15 hatte es nicht leicht; ein Star in der Mongolei, war er nun für die grossen Etappen einfach zu langsam. Christian musste dauernd Vollgas fahren, wenn er den Anschluss an die Gruppe nicht verlieren wollte. Das Hämmern meldete sich das erste Mal hinter Novosibirsk, vor Omsk liess es sich nicht mehr überhören. Auch der Jeep hatte einen Lagerschaden und kam nicht mehr weiter.

Da warens zehn.

Der Jeep Willys Utility von Team 28, ein Problemwagen von allem Anfang an, kämpfte mit ähnlichen Schwierigkeiten und musste ebenfalls vor Omsk wegen nachlassender Motorenleistung, Öldruckverlusts und Lagerschadens auf einen Anhänger.

Da warens elf.

Der Ford V8 Sahara von Team 9 verlor vor Nishni Novgorod die Hinterachse. Vermutlich lief ein Radlager heiss und führte dazu, dass sich das Rad von der Achse löste. Der Wagen konnte aufgefangen und gestoppt werden, aber die Hinterachse war unrettbar kaputt. Eine Weiterfahrt war unmöglich, und es musste ein Abschleppwagen organisiert werden.

Da war das Dutzend voll.

Randnotizen einer Beifahrerin

08.07.07 Teamwechsel der Leitung. Klaus, Jean-Philippe und Marcel übergeben an Wolfgang und Meinrad. Sie haben es gut gemacht, sind aber sichtbar erleichtert, die *«Ämtli»* abgeben zu können. Niemand kam auf die Idee, eine von uns Frauen zu fragen. Wolfgang stellt sich der Gruppe vor und will es gut machen. Was mich am meisten freut, ist, dass es zumindest für ihn selbstverständlich zu sein scheint, dass er den Job zusammen mit seiner Frau Ute machen wird. Da ist einer doch ganz allein auf die Idee gekommen, dass es *«zweierlei Lüüt»* gibt. – Ich bin trotzdem froh, dass ich damit nichts zu tun habe, die Reise ist auch so ziemlich anstrengend. Immer wieder einen ganzen Tag im Auto sitzen.

Jutta verlässt uns. Gerade rechtzeitig vor dem ersten Gruppenkoller, sagt sie. Aber nicht deswegen, es war immer geplant, dass sie nur bis Irkutsk mitfährt. Ich bin nicht ihrer Meinung und finde, dass wir, obwohl wir uns vorher eigentlich nicht kannten, als Gruppe gut funktionieren. – Funktionieren? Doch, doch, das Wort beschreibt unseren Umgang untereinander ziemlich genau. Wenn es die Autos ebenso gut täten, hätten wir mehr Zeit füreinander.

11.07.07 Zweimal haben wir nun in einem Sanatorium übernachtet, weil es kein Hotel gab. Das macht mir nichts aus, und die Zimmer waren sauber. Aber warum muss das so lieblos sein? Da werde ich ja schon krank, noch bevor ich krank bin. Im Durchgang zwischen Empfang und Treppenhaus war eine Art Fernsehraum. Auf einem Schemel stand ein uraltes Gerät. Es lief *«Rauschen im Schneegestöber»*. Ein wirkliches Programm gab es wohl gar nicht. Ein paar durchgesessene und verschlissene Fauteuils, in einer Ecke ein dürrer Philodendron. Es sah trostlos aus. Nicht nur, weil kein Mensch da war. Es war gar nicht für Menschen gemacht.

«Wir holen Auskünfte über die Strassen ein. – Über die Massen schlecht, schauderhaft, unwegsam. Sie werden auf Sümpfe stossen, wie Sie sie in Ihrem Leben noch nie gesehen haben! Und Abhänge, dass Sie sich den Hals brechen können! Anhöhen, auf die Sie das Automobil nur mit Seilen hinaufziehen können! Und Sand, ein Meter hoch! Wollen Sie noch mehr wissen?» (Luigi Barzini)
Als wir in Moskau erzählen, woher wir kommen, glaubt man uns nicht. *«Von Irkutsk hierher? Mit dem Auto? Das ist gar nicht möglich. Nach Irkutsk gibt es keine Strassen.»*

17.07.07 Vielleicht hatte Jutta doch Recht mit ihrer Bemerkung. Es gibt immer mehr, die nicht besonders gut drauf sind. Auch ich weiss mittlerweile, dass ich nicht für Gruppenreisen geschaffen bin, definitiv nicht. Ich kann auch sagen warum.

Eine Gruppe kommuniziert nach innen, ganz egal, ob sie von Peking nach Paris fährt oder einen Ausflug auf den Bachtel macht. Wir leben im Spiegel der anderen. Eine Gruppe igelt sich ein, alle Stacheln aufgestellt.

Der oder die Einzelreisende kommuniziert nach aussen, sie nimmt sich nur im Vergleich mit der Welt ihrer Reise wahr. Sie öffnet sich und gibt sich preis. Sie ist vielleicht vorsichtig, aber als Igel kommt sie nicht weit.

Für die Gruppe ist es nicht wichtig, ob wir die Städte, die wir besuchen, sehen, ob wir Menschen kennen lernen, ob wir etwas über das Land hören, etwas erleben. Für die Gruppe ist es nicht schlimm, dass wir stundenlang herumhocken und warten, dann plötzlich hetzen und Gas geben müssen. Wichtig sind geregelte Mahlzeiten, eine warme Dusche und ein anständiges Bett.

Als Einzelreisende interessiert mich das alles nicht. Ich will etwas von der Stadt sehen, und die finde ich nicht im Bett, ich will wissen, wie die Menschen leben, und das erfahre ich nicht unter der Dusche, ich will mich verlieren und in Neuem wiederfinden, und das tue ich nicht am Mittagstisch, sprich Gruppenfrass, zwischen zwölf und eins. Ich will meine Nase in Dinge stecken, die mich nichts angehen, auf eigene Verantwortung, das ist es, was ich will.

Hab' ich jetzt den Gruppenkoller?

Aber mal ehrlich. – Wir kommen immer am späten Nachmittag an, wir stehen eine Stunde auf dem Hauptplatz der jeweiligen Stadt und lassen uns und unsere Autos begaffen, dann flüchten wir ins Hotel, kämpfen um die besten Zimmer und eine warme Dusche und hocken nachher im Hotelrestaurant. Dann brechen die Strohwitwer auf und versacken in irgendwelchen Nachtclubs, die anderen verziehen sich nach einem kurzen Spaziergang in ihre Zimmer, der Dichter sagt,

Hotel Sanatorium in Sajansk.

er geht schreiben, andere klemmen sich hinter ihre Homepage. Mitten in der Nacht, auf jeden Fall zu Zeiten, zu denen wir normalerweise nicht freiwillig aufstehen, versammeln wir uns in einem muffigen Frühstückssaal, um nach einem kurzen *«Briefing!»* wieder in den Autos zu hocken und über schlechte Strassen durchs grüne Meer zu pflügen.

Also ehrlich, wenn das kein Koller ist.

22.07.07 Fisch im Teigmantel mit Käse überbacken, Huhn im Teigmantel mit Käse überbacken, Schnitzel im Teigmantel mit Käse überbacken. – So kochen eigentlich nur Männer.

Auf der M50
Richtung Westen.

2007 – Russland

Der Landvermesser

Denis ist 23 Jahre alt und hat einen Plan. Einen Lebensplan.

Als Erstes will er ein Auto kaufen. Es muss ja kein neues sein, aber einen Lada oder Moskvitsch möchte er nicht, das sind Autos von früher. Am liebsten hätte er einen BMW oder einen Audi. Solange er bei seiner Mutter wohnt, kann er sich das leisten und später sowieso.

Wenn er 25 ist, will er eine eigene Wohnung, in einem der Neubauten von Tjumenj. Heute muss einer, der etwas werden will, in der Stadt wohnen.

Auf dem Land hat ein junger Mensch keine Chance. Was kann einer da draussen schon machen? Sich zu Tode saufen. Ein trostloseres Leben kann man sich gar nicht vorstellen. Auf dem Land, da saufen alle.

Sein Grossvater ist so gestorben, am Alkohol, sein Vater macht es auch nicht besser. Dabei war er einmal Direktor einer Kolchose, über 400 Arbeiter, jetzt sind es keine zehn Leute mehr. Weil der Staat die Löhne nicht mehr bezahlen wollte. Plötzlich hing der Verdienst vom Verkauf der Ernte ab.

Er ist mit der Mutter in die Stadt gezogen. Das war richtig. Man muss seine Chancen nutzen, jeder Mensch muss das. *«Wer zurückbleibt, den bestraft das Leben.»* Das hat Gorbatschow gesagt. Auch wenn er den Alten nicht mag, aber da hat er Recht.

Wenn er ein Auto und eine eigene Wohnung hat, kann er heiraten. Und fünf Kinder haben.

Eine Frau hat er schon, das heisst eine Freundin, sie haben schon alles besprochen, sie sind sich einig. Auto, Wohnung, Kinder, das ist der Plan, für den sie arbeiten. Weil sie Mansi sind.

Mansi sind eine Minderheit. Aber sie waren lange vor den Russen da, heute leben im ganzen Bezirk Tjumen nur noch etwas mehr als 10 000. Ihr Volk zählt nicht einmal 40 000 Menschen. Ihre Sprache, ihre Kultur, alles musste sich den Russen anpassen. In der UdSSR wurden sie verfolgt. Ausrotten wollte man sie. Deswegen müssen sie fünf Kinder haben. Mindestens. Wenn 20 000 Paare fünf Kinder haben, sind sie in zwanzig Jahren hunderttausend.

Es ist falsch, wenn alle Menschen glauben, sie müssten sich miteinander vertragen und auf alles verzichten, was sie von anderen unterscheidet. Ein Künstler hat auf seiner Palette nur wenige Farben. Gelb, Rot, Blau, vielleicht noch ein klares Grün, ein Braun, Schwarz und Weiss. Damit malt er immer wieder neue, andere Bilder. Er mischt die Farben, bringt Schatten und Licht ins Bild, aber auf seiner Palette bleiben die Farben klar. Wie könnte er sonst weitere Bilder malen, wenn er die Farben schon auf der Palette vermengen würde?

Genau so ist es mit den Kulturen. Wir müssen ihnen Sorge tragen, sonst werden sie aussterben, wie Tiere, wie die Seekuh zum Beispiel. Die Seekuh findet heute nirgends mehr einen Ort, wo sie leben kann. Das ist nicht gut.

Denis sass mit zwei Männern, die seine Väter sein könnten, in einem Begleitfahrzeug der Oldtimer, die er von Tjumeni nach Ekaterinburg begleiten sollte. Als Reiseführer, als Übersetzer, er hatte das schon öfters gemacht, und er brauchte Geld für seine Ausbildung. Normalerweise sass er neben dem Chauffeur in einem Bus. Er hatte eine Gruppe zu betreuen und beantwortete Fragen. Als Begleiter von 30 verschiedenen Fahrzeugen kam er sich allerdings ziemlich überflüssig vor. Ausser zu den beiden Männern neben ihm hatte er keinen Kontakt zu den Reisenden. Die meisten wussten gar nicht, wer er war.

Man hatte ihm gesagt, er könne mit einem Rolls-Royce mitfahren oder in einem Sportwagen, man hatte ihm Fotos der Fahrzeuge gezeigt, und nun hockte er hier in einem ungemütlichen Kleinlastwagen, im allerletzten Fahrzeug und hatte keinen Platz, weder für seine Füsse noch sein Gepäck.

Die beiden Männer hatten keine Ahnung, sie wussten nichts von Russland, von Sibirien, nicht einmal Kvas kannten sie. Dabei hatte bald jede Grossmutter einen Zisternenwagen an einer Kreuzung stehen, wo sie ihren «sauren Trank» anbot. Die zwei glaubten, es sei irgendetwas Alkoholisches.

Ist es nicht. Getrocknetes Schwarzbrot wird in Wasser und Hefe aufgelöst und gekocht. Anschliessend lässt man diese Masse abkühlen und filtert die groben Stoffe heraus. Dann wird der Saft ein zweites Mal gekocht, gefiltert und abgekühlt. Aber natürlich hat jede Grossmutter ihr eigenes Rezept, und darum schmeckt Kvas immer wieder anders. Es ist gesund und kühl getrunken sehr erfrischend.

Als sie vor einer Kreuzung warten mussten, war er kurz ausgestiegen und hatte ihnen eine Flasche besorgt. Sie probierten, waren aber nicht sonderlich begeistert, und dann hatte ihn der eine gefragt, was er mache, wenn er nicht mit einer Reisegruppe unterwegs sei, und er fing an, ihnen von seinem Plan zu erzählen. Er war mittendrin, als ihn der andere, der, der am Steuer sass, unterbrach und sagte:

«Du gehst von falschen Voraussetzungen aus. Du denkst falsch. Was du sagst, ist nicht richtig. Du glaubst, du kannst mit 25 alles haben…»

Er verstand gar nicht, was er meinte. Hatte er ihn verärgert? Das Wichtigste hatte er doch noch gar nicht erzählt, und er war darum froh, dass der andere wieder auf seinen Plan zurückkam.

«Ein Auto, eine Wohnung, eine Familie», wiederholte er und hatte plötzlich ein Notizbuch in der Hand. «Wie willst du dir das leisten? Was willst du denn werden?»

Er merkte gleich, dass er etwas weiter ausholen musste.

In zwei Jahren ist er ein Landvermesser. Das ist der absolut beste Beruf, den einer in Sibirien heute lernen kann. Alle wollen Landvermesser sein. Der Grund ist einfach. Es gibt hier in Sibirien noch so viel zu vermessen, dass keinem von ihnen die Arbeit ausgehen wird. Weil es aber noch nicht viele gibt, die das überhaupt können, sind sie sehr gesucht und werden gut bezahlt. Der Mann seiner Schwester ist Landvermesser und verdient so viel, davon können andere nur träumen.

Der Grund, warum ein Landvermesser ein so wichtiger Mann geworden ist, liegt darin, dass in Sibirien noch nie etwas vermessen wurde. Land ist genügend da. Früher gehörte alles den Mansi, dann kamen die Russen, der Zar, die Partei, und heute gehört es niemandem. Es ist wie früher einfach da. Erst, wenn es vermessen ist, wenn es in Bücher eingetragen, katastriert ist, erst dann kann einer sagen, das Land gehört dem oder jenem, erst dann kann ein Grundstück gegen ein anderes eingetauscht werden. Nur vermessenes Land gehört jemandem und kann bebaut, verkauft oder vererbt werden. Nur so kommen die Mansi wieder zu ihrem eigenen Land.

Dann, noch bevor er sicher sein konnte, dass ihn die beiden verstanden hatten, ging ein Reifen kaputt. Sie mussten das Rad wechseln, und später sprachen sie von etwas anderem.

Eine Limousine muss glänzen.
Jeden Tag lässt Hans seinen gelben Chrysler Plymouth waschen.
Andere hegen ihren Staub.
Als die Mechaniker und weitere Teilnehmer in grosser Anteilnahme um den unschuldig verunfallten Rolls-Royce stehen und überlegen, ob der Wagen noch zu retten ist, erregt die Rückkehr des frisch gewaschenen Plymouth irritiertes Kopfschütteln.
Der eine steht vor seinem Autowrack, der andere poliert seine Chromleisten. – C'est la vie!

Tafelrunde VI

Der Ort Kuybeyshev, in dem die Rallyefahrer übernachten, bietet wenig, ein Provinznest abseits von Eisenbahn und Hauptstrasse. In einem einfachen Restaurant hocken nach dem Nachtessen Amazon, Buick, Coupé, Chevrolet und ein paar Kibize um einen Tisch. In ihrer Mitte die russische Reiseleiterin Rima. Sie haben keine Lust in das schäbige Hotel, dessen Zimmer per Los verteilt wurden, zurückzukehren.

COUPÉ:	Flöhe und Wanzen. Eine Bruchbude. Das schlechteste Hotel seit der mongolischen Grenze.
RIMA:	Da hatte ich offensichtlich mehr Glück. Mein Zimmer ist gut. Zum Glück wurde ich ausgelost.

Die Männer grinsen.

COUPÉ:	Wo hast du so gut Deutsch gelernt?
RIMA:	In Hamburg, ich war nach der Uni zwei Jahre in Hamburg.
CHEVROLET:	In Hamburg. Und jetzt arbeitest du als Dolmetscherin.
RIMA:	Ich bin Lehrerin. Englisch und Deutsch. An einer Schule in Novosibirsk, und in den Sommerferien arbeite ich als Reiseleiterin. – Und wer von euch spricht Russisch?
COUPÉ:	Er, er ist dabei, es zu lernen.
BUICK:	Dobre den. Kak tjibja sawut? *(Guten Abend. Wie heisst du?)*
RIMA:	*(lachend)* Rima. Sehr gut.
COUPÉ:	Rima Sehr gut.

Gelächter.

BUICK:	Darf ich dich einmal etwas fragen? *(lächelt verschmitzt)* Ich meine, das beschäftigt mich wirklich.
RIMA:	Du kannst fragen. Du kannst alles fragen, vielleicht, wenn ich nicht antworten muss.
BUICK:	Die Frauen hier, die russischen Frauen. Wie ist das hier? Diese vielen, schönen Frauen. Wenn ich noch zehn Jahre jünger wäre, ich würde hierherkommen und mir eine Frau suchen.
CHEVROLET:	Du lernst ja schon Russisch.
BUICK:	Ja. Wenn ich mich für ein Land interessiere, möchte ich die Sprache können. Ich will mit den Menschen reden können.
COUPÉ:	Mit den Frauen.
BUICK:	Ja, auch mit den Frauen *(gereizt zu Coupé)*. Sie soll reden.
RIMA:	Die Frauen. Ja, welche denn, es gibt viele.
BUICK:	Ich habe einfach noch nirgends auf der Welt so viele schöne Frauen gesehen.
RIMA:	Du meinst die Frauen, die vor dem Hotel hin und her gehen, die sich in den Bars aufhalten, in die auch die Ausländer gehen.
CHEVROLET:	Zum Beispiel.
RIMA:	Sie suchen einen Mann. Es sind nicht alles Prostituierte. Sie suchen eher einen, der die Vollversorgung garantiert. Sie heiratet. Sie wollen von hier wegkommen. Dafür machen sie sich schön, kaufen aufregende Kleider …
CHEVROLET:	Lange Beine aus heissen Höschen. Sexy eben.
RIMA:	Nein, das sind die anderen, die kosten.
CHEVROLET:	Und diese, also die, die du meinst, die kosten nichts?
RIMA:	Doch. Ein Leben lang. – Aber nicht, wenn sie vor dem Hotel gehen, geschminkt, die Haare gerichtet. Mindestens ein Drittel von ihrem Geld, was sie haben, brauchen sie nur, um sich schön zu machen. Sie hungern lieber. Sie wissen genau, dass sie nicht viel Zeit haben, dann kommt der Winter, und sie sind ein Jahr älter. Aber das denken sie nicht, sie machen sich rar und treiben ihren Wert in die Höhe. Was geschieht, wenn sie sich einen Mann geangelt haben, wenn es neun Monate Winter ist, daran denken sie nicht.
BUICK:	Aber sie sind schön. Die russischen Frauen sind einfach schön.
RIMA:	Setz dich in Novosibirsk in die U-Bahn, wenn sie von der Arbeit nach Hause fahren. Sie sehen aus wie überall. Müde, verschwitzt, normal. Und ihre Kleider …
COUPÉ:	Können sie Deutsch?
RIMA:	Wer?
COUPÉ:	Die Frauen vor dem Hotel.
RIMA:	Man kann fragen.
BUICK:	Ich muss reden können. Wenn ich mit einer Frau nicht reden kann …
CHEVROLET:	Ist das so wichtig, dass sie dich versteht?

Amazon legt grinsend ein Visitenkärtchen auf den Tisch.

AMAZON:	Gestern, wir sind noch in der Stadt gewesen, da hat mir eine Dame, da, dieses Kärtchen gegeben. Sie könne mir helfen, eine russische Frau zu finden.

Coupé schaut sich das Kärtchen genauer an.

COUPÉ:	Eheanbahnung für europäische Männer.
AMAZON:	Ich lehnte dankend ab. Dann schlug sie mir vor, für sie eine Filiale in der Schweiz zu eröffnen. Sie hat eine Internetadresse. Für jeden Kontakt, den ich ihr vermittle, will sie 1000 Rubel bezahlen.

Die Männer grinsen, und Amazon steckt seine Karte wieder ein.

RIMA:	Sie sollten jetzt ins Hotel zurück. Wir können nicht hier sitzen bleiben, und ich trage die Verantwortung.

Später auf dem Nachhauseweg.

RIMA:	Es gibt in Russland keine hässlichen Frauen, nur zu wenig Wodka.

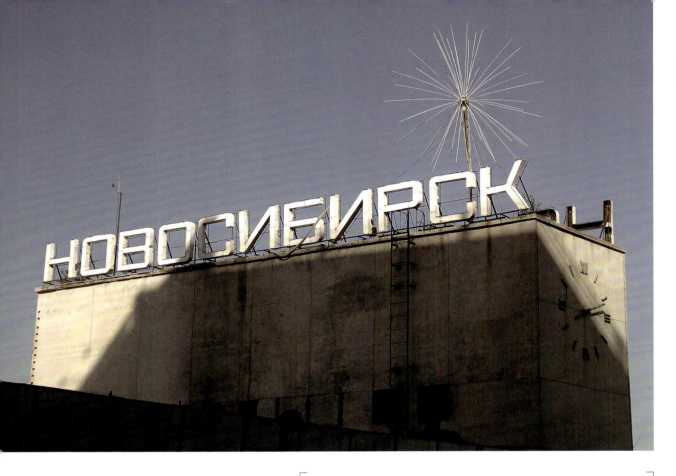

Hotel Riverpark in Novosibirsk.

Der Jeep von Christian und Claude muss im Morgengrauen auf einen Camion verladen werden, um in Ekaterinburg repariert zu werden.
Zum vereinbarten Zeitpunkt steht Christian vor dem Hotel, Claude fehlt.
Es wurde ein bisschen spät gestern Abend. Einer der Tourleiter taucht auf. Sie gehen ins Hotel, um Claude aus den Federn zu holen.
Sie klopfen, sie schreien, sie schlagen fast die Türe ein. Ohne Erfolg.
Christian bekommt es mit der Angst zu tun. Wenn Claude etwas zugestossen ist? Im Suff gestorben. An Erbrochenem erstickt.
Gestürzt und verblutet, das Genick gebrochen? Ein Hirnschlag?
Man macht sich doch Sorgen.
Die Mannschaft im Hotelflur beginnt die Türschlösser abzuschrauben, man tritt ins Blatt, hebt und stösst, doch die Türe geht nicht auf.
Aus Claudes Zimmer kein Lebenszeichen.
Die Bolzen lassen sich nur lösen, indem der gesamte Türrahmen weggebrochen wird. Es wird gehämmert und gesägt, Holz splittert.
Von Claude immer noch nichts.
Der Fall ist klar. Wer immer in diesem Zimmer ist, es geht ihm nicht gut.
Wenn er überhaupt noch lebt.
Jetzt muss es schnell gehen. Der Türrahmen wird aufgefräst, die Bolzen herausgebrochen, das Schloss zertrümmert...

Im Zimmer klingelt der Wecker. Claude steht auf und will ins Badezimmer. Kopfschüttelnd steht er vor der aufgebrochenen Tür.
Was wollen denn diese Leute hier?

Randnotizen einer Beifahrerin

18.07.07 Natürlich versteht uns niemand, wenn wir in einer dieser Raststätten, es sind ja eigentlich kleine Häuschen, wie sie sonst von einer Familie bewohnt werden, etwas zu essen bestellen, und natürlich haben diejenigen Recht, die es erst gar nicht mit Englisch versuchen, sondern einfach im Dialekt sagen, was sie möchten. Sie werden auf jeden Fall verstanden – und gehen mir trotzdem auf den Wecker. Es ist dieses Biedermännische, der Ton, den sie anschlagen. *«Also los jetzt, Schätzeli, zwee Kafi, es Wasser und e Suppe…»* Warum duzen sie alle? Kinder, Frauen, Alte. Gerade, weil es stimmt, dass sie sich nur mit Gesten und Tonfall verständlich machen können, müssten sie doch auch wissen, wie verräterisch ihr Ton, ihre Haltungen sind. So sprechen sie zu Hause nur mit Idioten.

Richtig peinlich ist mir dann, wenn sie glauben, sie könnten oder dürften im gleichen Ton Frauen anmachen. *«Chum Schätzeli, söll der emal öppis zeige?»*, und dann zerren sie die junge Frau, die ihnen das Essen auf den Tisch gestellt hat, vors Haus zu ihrem Auto und erklären anhand der aufgeklebten Logos, woher wir kommen und wohin wir wollen. Oder sie setzen sich mit ihnen hinters Steuer und lassen sich fotografieren. Und andere stellen sich dazu und müssen sich ebenfalls fotografieren lassen. Die Frau soll sich ein bisschen nach vorne beugen, damit man ihr Brüste sieht. Und alle glauben, mann müsse nun seinen Arm um die Mädchen legen und die junge Frau freue sich und man sei schon ein toller Hecht.

Ich drehe jetzt dann einmal den Spiess um und schnappe mir einen Ivan, dem ich, *«gell, du Schöner»*, einmal im Roadbook zeige, wo wir sind. Wir Schweizer auf einer Weltreise.

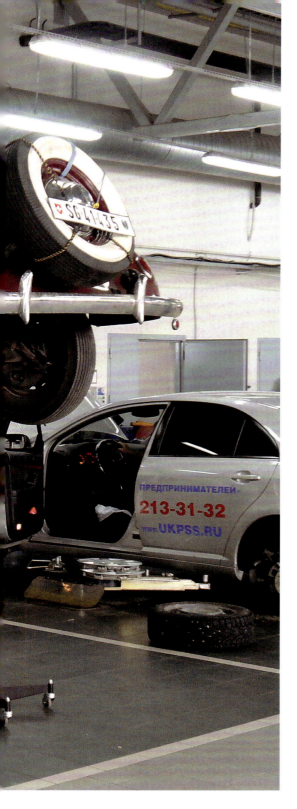

> *Auf dem Parkplatz hinter dem Hotel findet ein merkwürdiger Wettbewerb statt. Nicht unbedingt vertrauenswürdige Männer fahren mit teuren Autos – BMW, Chrysler 300, Lexus, Mercedes – auf dem Parkplatz zwischen Hotel und Meer im Kreis herum. Wie Besessene, Auto-Derwische von Taranteln gestochen. Es geht nur darum, dass die Reifen schwarze Spuren hinterlassen und quietschen. Scheppernd fliegen ein Kühlergrill oder eine Stossstange über den Platz. Rücksicht auf «Mensch und Material» wird keine genommen, alles entscheidend ist eine schwarze Acht auf den Betonplatten. – Im Sand am Ufer hocken die Zuschauer und trinken Bier.*

Alfa Romeo – eine Zeitmaschine

Eine Autowerkstatt gleicht heute einer Klinik. In China, in der Mongolei, in Russland, bei uns sowieso. Die Eldorados genuiner Mechaniker, als in Hinterhöfen lackiert und geschweisst wurde, Männer in ölverschmierten Overalls unter Autos verschwanden und nach der Devise *«Werkzeuge sind gut, aber es geht auch ohne»* fast jedes Problem lösten, waren zwar in Sibirien noch zu finden, doch auch hier gehört die Zukunft den Palästen aus Beton, Stahl und Glas.

Die Toyotagarage von Ekaterinburg hätte in einer Rangliste der hundert besten Autokliniken bestimmt einen Platz unter den ersten fünfzig erhalten. Die Arbeitsplätze waren hell und sauber, Besteck und Operationstische in tadellosem Zustand. Eine Putzcrew war rund um die Uhr im Einsatz und beseitigte alles, was nach Schmutz oder gar einem Ölfleck aussah. Chefs in Anzügen defilierten durch die Halle, und manchmal stöckelte eine der elegant gekleideten Damen vom Empfang mit Papieren zu einem der Autos, die wohl nur nach einer gründlichen Reinigung in die Werkhalle gefahren werden durften.

Und nun kamen wir mit unseren alten Fahrzeugen, deren Dreck zur Trophäe erklärt wurde, die immer irgendwo leckten und die entweder auf einen Schrottplatz oder in ein Museum gehört hätten. Ein Ford, ein Buick, ein Alfa Romeo, ein Triumph, ein MG und zwei Jeeps waren zu Notfällen erklärt worden und sollten trotz ihrer offensichtlichen Altersschwäche bevorzugt behandelt werden, denn, man kennt das ja, die Alten hatten es eilig.

Als ich mit den Ersatzteilen für den Alfa Romeo Giulietta Spider – Ventile, Dichtungen und Auspuffkollektoren – in der Werkstatt eintraf, stand der Wagen noch im Hof.

Zehn Tage lang war die Giulietta auf Anhängern durchgeschüttelt worden, es wurde Zeit, dass sie wieder auf die Strasse kam. Alfons, Inhaber einer Alfa-Romeo-Garage, sagte, was gemacht werden musste, Ilja, der russische Mechaniker, fühlte sich verantwortlich, und wir – Peter & Peter – übernahmen die Dreckarbeiten.

Erst einmal hiess es aber für Alfons und seine beiden Peter: Luftfilter, Benzinzufuhr, Gaszug und Choke demontieren, Zündkabel abziehen, Kerzen herausschrauben, obere Kühlwasserschläuche entfernen, Schrauben des Zylinderkopfdeckels lösen und Kopfdeckel abheben.

Ich kannte mich aus. Vor 35 Jahren hatte ich mir auf dem Schrottplatz einen Alfa Romeo Veloce Sprint gekauft. Ein Autowrack, das ich dann in wochenlanger Kleinarbeit wieder herrichtete. Für einen Anfänger ein paar Nummern zu gross, aber Ende Semesterferien fuhr ich damit nach Hamburg. Meine ersten – und einzigen – 1000 Kilometer ohne Panne.

Die Reparatur war darum auch eine Reise in die Vergangenheit, und als ich den Zylinderkopfdeckel reinigte, schwelgte ich in durchaus angenehmen Erinnerungen. Das handliche Aluminiumteil, unter dem sich so viel «cuore» verbarg, hatte es mir schon damals angetan, und mit der Zeit war mir das Zylinderkopfherz vertrauter als das eigene, das ich mit Angelegenheiten überforderte, die sich wiederum mit dem Auto und seinem klingenden Namen verbanden. Romeo e Giulietta. Es waren durchaus wilde Jahre mit dem Veloce Sprint.

Für den Mechaniker Ilja waren wir drei wohl nur schwer zu ertragen.

Sein Chef hatte ihm die Verantwortung für die Revision eines Zylinderkopfs zugeteilt. Eine Hexerei war das nicht, die Ersatzteile waren da, und die Mechanik des alten Motors war einfach. Aber die Ausländer. Sie nervten.

Der Schlimmste dürfte ich gewesen sein, der immer helfen wollte.

Kurz nach zwei Uhr verliessen der Triumph und der MG die Garage. Die Ventile waren neu eingeschliffen, ein Anlasser ausgewechselt, und weitere Kleinigkeiten, die gerade anfielen, waren ebenfalls erledigt worden. Die zwei waren für die Strecke wieder fit.

Eine Stunde vor Feierabend konnten wir den Alfa ein erstes Mal starten. Ohne Erfolg. Ilja hatte eine der oben liegenden Nockenwellen verkehrt montiert.

Und darum hiess es für Alfons und seine beiden Peter erneut: Luftfilter, Benzinzufuhr, Gaszug und Choke demontieren, Zündkabel abziehen, Kerzen herausschrauben, obere Kühlwasserschläuche entfernen, Schrauben des Zylinderkopfdeckels lösen und Kopfdeckel abheben.

Hinter uns rollte das Ford V8 Cabriolet mit einem neuen Getriebe aus der Garage.

Um die Nockenwelle drehen zu können, musste auch die Antriebskette noch einmal gelöst werden. Diese gleicht einer doppelten Fahrradkette und wird auch wie eine solche verbunden. Mit einem Glied, das mit einem Splint verschlossen wird…

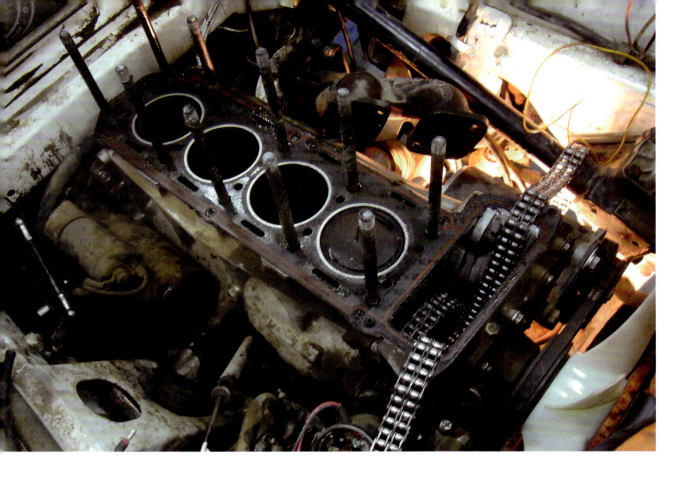

Wir mussten den Ausreisser wiederfinden, und irgendwo musste er ja sein. Auf dem Schutzblech für die Ölwanne. In einem Blechfalz, hinter dem Motorblock auf dem Getriebe, zwischen Kabeln und Kästchen. Kurz vor zehn Uhr abends entdeckte einer den Splint in einer Fuge der Bodenkacheln. Jetzt konnten die Kette, die Schläuche und Kabel wieder angeschlossen werden. Aber der Wagen lief nicht.

Die Tücken eines Alfamotors stecken im Detail. Dass ich mit meinem Alfa vor 35 Jahren so oft liegen blieb, hatte mit meinem Unverstand zu tun. Ich fuhr mit schlechten Reifen und ohne Reserverad herum, glaubte, ein Benzinfilter hemme nur die Benzinzufuhr, und versuchte, den Vergaser zu verbessern, indem ich immer wieder andere Luftfilter ersann, abenteuerliche Gebilde, die sich in dem engen Motorraum kaum unterbringen liessen. Einmal stellte ich bestimmt an die zwanzigmal die Zündung neu ein, bis ich merkte, dass die Schraube, die den Zündverteiler fixierte, lose war. Da wurde es bereits dunkel, und meine Freundin und ich – wir hatten geplant, etwa 100 Kilometer zum Baden ans Meer zu fahren – mussten schauen, dass wir wieder nach Hause kamen, weil meine Bremslichter nicht funktionierten, wenn ich das Licht eingeschaltet hatte.

Vorsicht! – Schon zu spät. Das tückische Teilchen sprang Ilja aus den Fingern, ein Floh, der sich in die Weiten des Motorraums absetzte. Aus, das war's dann wohl. Ohne Splint liess sich die Kette nicht schliessen, war der Motor kein Motor mehr.

Mittlerweile war es bald zwei Stunden nach Feierabend. Der Buick rollte aus der Garage. Die beiden Jeeps hingegen konnten definitiv nicht bis morgen repariert werden. Auch nicht bis übermorgen. Es sollte Tage dauern. Lager und Kolbenringe mussten ersetzt werden, und selbstverständlich mussten diese erst aufgetrieben oder irgendwie hergestellt werden. Doch es bestand Hoffnung.

Am anderen Morgen war Ilja nicht da. Doch wir wussten, was zu tun war, und nach einer guten halben Stunde starteten wir den Wagen. Und er lief. Wunderbar, ohne Vibrationen, kein Schütteln oder Ruckeln. Wir hatten es geschafft, und in einer Stunde, so glaubten wir, hätten wir die Gruppe eingeholt.

Stolz führten wir Ilja, der endlich auch auftauchte, den Wagen vor. Doch er machte ein finsteres Gesicht, stand vor dem schnurrenden Motor und wartete auf seinen Chef. Der Chef verwarf die Hände, Ilja schüttelte den Kopf, kaute auf den Lippen herum.

Er glaubte, das heisst, er war sich nicht sicher, ob er gestern die Schrauben der Nockenwelle angezogen hatte.

Wir alle wussten, was das hiess.

Luftfilter, Vergaser, Benzinzufuhr, Gaszug und Choke demontieren, Zündkabel abziehen, Kerzen herausschrauben, obere Kühlwasserschläuche entfernen, Schrauben des Zylinderkopfdeckels lösen und Kopfdeckel abheben. Zum dritten Mal. Und wenn die Zylinderkopfdeckeldichtung, wie zu erwarten war, kaputtgehen würde, so hätten wir keine neue mehr.

Andererseits käme der Wagen mit einer losen Nockenwelle nicht sehr weit.

Als Ilja anfing, die Kerzen herauszuschrauben, liefen alle davon. Alfons und Peter, die Chefs und Iljas Kollegen. Kopfschüttelnd die einen, belustigt die andern.

«Eine alte Oma, die nicht mehr weiss, ob sie nun das Bügeleisen auch wirklich ausgezogen hat.»

Ilja und ich hatten mittlerweile zu einer wortlosen Zusammenarbeit gefunden, die durchaus funktionierte, und schon deswegen blieb ich.

Die Dichtung ging wie erwartet kaputt. Die Schrauben der Nockenwelle waren selbstverständlich festgezogen.

Ilja versuchte erst die Dichtung zu flicken, schmierte sie mit Silikon zu, doch sie war nicht mehr dicht, und wieder hiess es: Luftfilter, Benzinzufuhr, Gaszug ... noch einmal musste alles blank geputzt werden, um es dann, ein letztes Mal, mit einer reinen Silikonschicht zu versuchen.

Wir hatten Glück. Die Silikon-Wurst hielt.

Kurz vor Einbruch der Dunkelheit erreichten wir Perm, hatten die Gruppe eingeholt, und bis Paris sollte der Alfa keine Panne mehr haben.

*«Die geographische Grenze Europas überschritten wir am Morgen des 20. Juli, 5 Uhr 17 Minuten. Nahe der Strasse erhebt sich auf einer kleinen Waldblösse ein Marmorobelisk. Auf seiner Ostseite ist das Wort ‹Asia›, auf der Westseite das Wort ‹Europa› eingehauen.
Mit Ungeduld erwarteten wir diesen Pass. Oft hatten wir von dem Augenblick gesprochen, in welchem wir von einem Erdteil in den andern übergehen würden. Nun hatten wir die Durchquerung Asiens von seinen äussersten Grenzen am Stillen Ozean an vollendet. Schritt für Schritt hatten wir eine der grössten Verkehrsadern der Menschheit kennen gelernt, die vielleicht seit undenklichen Zeiten das stärkste Hinundherfluten von Rassen und Zivilisationen gesehen hat. Die grössten Religionen sind in Asien geboren. Wie Funken sind sie jenem von Idealen glühenden Lande entsprungen, ihr Feuer weithin zu tragen. Der Begriff der Seele ist in Asien entstanden.
Für uns hatte die Durchquerung Asiens nicht nur die Bedeutung einer Folge von Landschaftsbildern. Wir standen in inniger Berührung mit dem gewaltigen Erdteil und seinen Völkern. Asien, das schweigende, das schlafende Asien, das alte Asien, hatte sich erfüllt gezeigt von einem Betätigungstrieb, der zu mächtig war, um ganz verstanden zu werden.
Da dieser Übergang eine Heimkehr war, so hatten wir beschlossen, zu halten und auf der Schwelle unseres Erdteils miteinander anzustossen. Im Werkzeugkasten lag in lobenswerte Voraussicht eine Flasche guten Champagners. Als wir aber ankamen, schwiegen wir und setzten unsere Fahrt fort, jeder in seine eigenen Gedanken versunken, nicht frei von einer gewissen Rührung. An diesem Ort Champagner zu trinken, war eine Entweihung. Nichts durfte die Feierlichkeit unsrer Stimmung stören.»* (Luigi Barzini)

Lob der Provinz

«Small is Beautiful» wurde in den 70er-Jahren zum geflügelten Wort, heute hat es seine Strahlkraft verloren, aber als Erklärung für meine Liebe zur Provinz mag es immer noch seine Gültigkeit haben. Nirgends rücken die Dinge des Lebens so nahe zusammen wie auf dem Land, und auf einem Spaziergang durch ein so genanntes Nest erfahre ich mehr als auf den ermüdenden Trips durch die Hauptstädte, die mir oft gerade das vorenthalten, was mir die Provinz liebenswert macht: Nestwärme.

Zugegeben, ein Besuch des Luna-Parks in Kuybyshev war selbst an einem Sonntagnachmittag eine fade Angelegenheit. Ein paar Mütter stiessen ihre Kinderwagen durch den Park, in einer aufblasbaren Plastikburg versuchte ein Vater seinen kleinen Sohn dazu zu überreden, von einem schiefen Turm durch ein Tor in den Hof zu rutschen, und in einem Verkehrsgarten drehte ein Mädchen auf einem bunten Dreirad seine einsamen Runden. Manchmal ächzte und quietschte ein Haifisch auf Rädern im Kreis herum, wohingegen das rostige Riesenrad, das freilich kaum höher als die höchsten Birken war, wohl schon lange nicht mehr funktionierte.

Der Furz einer Stadtverwaltung, die glaubte, mit einem Vergnügungspark die Lebensqualität zu verbessern.

Genauso überflüssig wie das Lenindenkmal. Nun stand der Revolutionär auf einem zerbröselnden Sockel inmitten meterhoher Königskerzen, die durch die Fugen und Ritzen der Platten schossen. Hocherhobenen Hauptes und mit weit ausholenden Schritten schien er den Platz zu überqueren und die Stadt verlassen zu wollen. Man konnte es ihm kaum übel nehmen.

In vielen Hotels Russlands ist es nicht damit getan, dass man der Rezeption Pass und Einreisepapiere vorlegt, die dann während einer Nachtschicht von einem Hotelangestellten kopiert werden. Den Schlüssel zum Zimmer erhält man erst im betreffenden Stockwerk. Dort sitzt hinter einem Pult die Etagenconcierge, ein Haus- respektive Stockwerkdrachen, ein Spitzel des KGB.
Wächter oder Bewacher?
Hilfsbereit oder freundlich sind die Leute auf jeden Fall nicht.

In einem kleinen Ort ein paar Tage später – wir machten eine Mittagspause – standen Restaurant, Laden und Kirche in einer Reihe am Strassenrand. Die Raststätten längs der Strasse waren von Tag zu Tag besser geworden, aus einfachen Schaschlikbuden hatten sich kleine Restaurants entwickelt. Trotzdem bevorzugten die meisten von uns nach wie vor Schaschlik und Borschtsch, weil wir ungefähr wussten, was uns erwartete, wenn wir den Fleischspiess oder die rote Randensuppe mit Kraut und Rüben bestellten.

Der kleine Dorfladen neben dem Restaurant liess dann Genaueres vom Alltag auf dem Land erahnen. Von getrockneten Fischen über verschiedene Linsen, Bohnen, Mehl, Zucker, Brot und Salz bis zu Reinigungsmitteln, Seifen und Salben, Schreibwaren, Kinderspielzeug und Nachttöpfen wurde fast alles, was ein Mensch braucht, feilgeboten. Das grösste Regal war voller Alkohol, vor allem Wodka in allen Preislagen, in der Gefriertruhe lagerten die Eisbecher, die es immer und überall gab. Zwischen Besen, Wäscheklammern und Küchentüchern stand ein Bücherschrank, die Leihbibliothek des Dorfes, und die Bank bestand aus einem Zählrahmen, auf dem die Ladenbesitzerin schneller als manche Kassiererin im Supermarkt addierte, was sie verkaufte, und das Klick Klack der Rädchen, die da verschoben wurden, ergab immer eine durchaus ablesbare und plausible Summe.

Ausser Wurst und Käse fand sich nichts Frisches, keine Früchte, kein Gemüse. Das bekam man allenfalls vor dem Laden, wo alte Frauen Beeren, Pilze, Kohl und Honig verkauften, Produkte aus dem eigenen Garten oder was sie in den Wäldern gesammelt hatten. Eimerweise Eierschwämme, Wannen voller Walderdbeeren.

Die orthodoxe Kirche war aussen bereits fertig renoviert. Ein Zwiebeldach fehlte noch, es lag im Turm auf dem Boden, eine schuppige Knolle, die mich an den Panzer eines Tieres erinnerte. Die eine Hälfte der Kirche war bereits strahlend golden, mit Ikonen in den Nischen und glänzendem Altar, die andere Seite war noch eine Ruine. Da zerfiel, was unter den Kommunisten einmal zerstört worden war. Von der Decke hingen die Balken, die Wände waren schwarz und staubig. Es sah aus wie in einem Stall, und was nicht geplündert und verheizt worden war, versank im glitschigen Morast des Bodens. Zeugen einer Zeit, die mit der wiederauferstandenen Schönheit im Flügel nebenan gebannt werden sollten.

2007 – Russland

Auch in Vladimir, nur eine Stunde vor Moskau – eine alte und einstmals wichtige Stadt, die bis ins 14. Jahrhundert Sitz des Patriarchen der russisch-orthodoxen Kirche, vor der Eroberung durch mongolische Horden Hauptstadt der Russen war –, genossen wir (vielleicht zum letzten Mal) die Idylle der Provinz.

Die Stadt empfing uns mit Brot und Salz, das uns von jungen Frauen in Trachten dargeboten wurde. Der Hauptplatz, die Kirche, das Kloster, die alten Wehranlagen, das berühmte goldene Tor, alles konnte in einer Stunde gemächlich besichtigt werden, selbst ein Rundgang durch die Altstadt wurde nicht zum Marathon, und vom Kirchenklosterburghügel hatte man einen herrlichen Blick auf den Bahnhof und über die Wälder, die sich bis zum Horizont erstreckten. Danach lagen wir im Stadtpark im Gras, schauten den kleinen, weissen Wolken zu, die durch den blauen Himmel zogen…

Kurz vor Ishewsk eine Raststätte, davor ein mächtiger, aber ziemlich hässlicher Elch. Vor dem Sockel des Denkmals stauen sich die Hochzeitspaare. Offensichtlich ein Glücksbringer. Wenn es der Braut gelingt, dem Viech ein Blumengebinde ins Geweih oder auf den Rücken zu werfen. Man sieht den Bräuten die Anspannung an. Jetzt kommt es darauf an, jetzt entscheidet sich, ob ihre Beziehung Bestand hat. Vielen ist die Enttäuschung schon vor dem folgenschweren Wurf ins Gesicht geschrieben.
Da kommen die alten Autos gerade recht. Ein Foto vor einem Oldtimer. Ist das nicht der bessere Garant für eine dauerhafte Beziehung?

Zu wenig, ein bisschen dürftig für eine so lange Reise? Im Gegenteil.

Noch einmal zurück nach Kuybyshev. Vor dem Hotel, einem hässlichen Haus mit schaurigen Zimmern, versammelten sich bis spät in die Nacht immer wieder neue Leute, die unsere Autos sehen wollten.

Ein Professor, ein Wolgadeutscher, der seine Verwandten hier im Ort besuchte, erzählte jedem, der es hören wollte, die bewegte Geschichte seiner Familie. Ein halbes Dutzend Buben erkoren Hans zum Chef der Abenteurer und begleiteten ihn während Stunden, und Mustafa, der immer und überall Freunde fand, dem Väter ihre Töchter vorstellten und Mütter ihre Söhne, erhielt eine ganze Reihe von Geschenken. Unter anderem zwei Fotografien von Novosibirsk in mächtigen Rahmen, mit denen sich der Fotograf des Ortes für seine Freundlichkeit bedanken wollte.

Wir tranken Bier und Wodka, stiessen mit Autobegeisterten auf unsere Kisten an und nickten zu Geschichten, die wir nicht verstanden. Wir posierten mit Familien, Kindern, Paaren und alten Männern vor unseren Autos und erzählten immer wieder, dass wir von Peking kämen und nach Paris wollten, zeigten auf Schilder und Kleber. Die Nacht war lau, die Luft voller Mücken, Musikfetzen wehten über den Platz, ein paar Leute sangen Lieder, im Park nebenan wurde getanzt, und immer wieder stellte sich ein neuer Boris, Ivan oder Jascha vor, der gern noch ein bisschen über Autos geplaudert hätte.

Irgendwann, bevor wir uns von den Mücken zerstochen in unsere schäbigen Hotelzimmer zurückzogen, nach dem endgültig letzten Bier und dem allerallerletzten Wodka schwebten wir im Rausch ewiger Freundschaft.

Auf unsere Autos! Auf Russland! Gute Reise und glückliche Heimkehr. No sdarowje! Auf Moskau und Paris!

Randnotizen einer Beifahrerin

23.07.07 Was mich ärgert und mir auch Angst macht, ist die Tatsache, dass die Typen nicht Auto fahren können. Viele glauben, die Strassen seien der Spielplatz für ihr Hobby. Verkehrsregeln wie Tempo 50 in Ortschaften kennt die Bande nicht. Ausgezogene Sicherheitslinien gelten nur für andere. Wenn ein anderes Fahrzeug überholen will, wird erst einmal Gas gegeben. Mit Abstand fahren. Was ist das?

Wie ein Saubannerzug wird die Landschaft überrollt, um dann zu lamentieren, wenn wieder eines der Autos auseinander fällt. Ich kann sie beschimpfen, wie ich will. Dass sie wie «Raser» fahren. Sie finden das lustig.

Der Healey der Erste am Wolgastrand, Alfa und Healey die Ersten in Nishni Novgorod. Und wenn ich ihnen sage, dass wir kein Rennen fahren, strahlen sie mich an und antworten:

«Wir welle gsung wieder heecho.»

Ja, das möchte ich auch.

Attraktion für einen
Tag vor dem Hotel
in Kemerovo.

Vorgehende Seite
Der Kreml von Kazan.

Unten
Charles de Gaulle vor dem Hotel Cosmos in Moskau.

> *Godi und Meinrad sind ein gutes Team und teilen fast alles. Alles, ausser Schuhe, Socken, Sichtmappen, Salben, Seren, äh Schocken, Schichtmappen, Schalben ... Bleiben wir bei den Schuhen.*
> *Godis Schuhe sind klein, eng und kurz, Meinrads Schuhe richtige Latschen, breit und ausgetreten. Darum ist es für Meinrad definitiv nicht witzig, dass Godi in seinen Schuhen zum Nachtessen geht und seinen Irrtum erst bemerkt, als er nach dem Essen wieder im Zimmer vor dem immer noch hungrigen Meinrad steht und diesem sagen muss, dass die Küche mittlerweile dichtgemacht hat.*

Moskau

«Jeder russische Mensch fühlt, wenn er auf Moskau blickt, dass es seine Mutter ist», sagte der Schriftsteller Leo N. Tolstoi. In Anton Tschechows Komödien, Maxim Gorkis Dramen, immer träumen die Menschen davon, nach Moskau zu reisen, in Moskau zu wohnen, zu arbeiten, zu leben. Und auch für uns war die Tatsache, dass wir unsere Autos vor dem Kreml aufreihen konnten, ein Höhepunkt, auch wenn sich ausser ein paar Touristen kaum jemand dafür interessierte.

Unsere sibirische Reiseführerin hielt nicht viel von dieser Moskauschwärmerei, behauptete, das würden nur die Leute in Moskau glauben. Sie bevorzugte den Satz: *«Das Land ist weit, der Zar ist fern.»*

Barzini beschreibt, wie sie in Moskau vom Automobilclub am Stadtrand abgeholt wurden:

«... Andere kommen rasch herbei und lassen ihre Hupen ertönen. Es sind die ersten, grossen Automobile, die wir wieder sehen; sie sind uns entgegengefahren. Von ihnen herab und um sie herum bricht ein Begrüssungssturm los: Hurra! Wir werden umringt und drücken hundert Hände, die sich uns entgegenstrecken. Es ist ein unbeschreiblicher Augenblick. ... Und die Welle der Sympathie erneuert sich und pflanzt sich weiter fort. Man klatscht Beifall. Auf den Verdecken der Strassenbahnwagen erheben sich die Fahrgäste und schwenken die Mützen. ... Moskau bot uns auf einmal alle jene Diners, Soupers und Déjeuners, die uns während der Fahrt entgangen waren. ... Wir nahmen an Trinkgeladen teil, hörten Orchestermusik, Konzerte und Lieder an und wanderten durch die luxuriösesten und namhaftesten Moskauer Restaurants, vom ‹Metropol› bis zum eleganten ‹Yard›, wo die Konzerte um Mitternacht beginnen, um bei Sonnenaufgang zu enden.»

Moskau besitzt einen Sog, der auch uns hinausriss in einen Trubel, an den wir uns erst wieder gewöhnen mussten. Was mich an Moskau besonders faszinierte, war seine kantige Wucht, sein Machtanspruch, der auch durch orthodoxes Zuckerwerk nicht gemildert wurde und doch so verletzlich war. Noch nie hatte ich eine Stadt erlebt, die dem Besucher die Geschichte der letzten 150 Jahre gleichsam auf dem Tablett servierte. Zar, Revolution, Kommunismus, Wende und Aufholjagd.

Das Hotel Cosmos, in dem wir untergebracht waren, war dafür ein gutes Beispiel.

Gebaut in der Blüte des Kommunismus war der Kasten nichts anderes als ein Riesenkäfig für mehrere Tausend Touristen.

Die Hotelhalle glich einem Flughafen, die Rezeption bestand aus mehreren Schaltern, davor lagerten ermattete Haufen von Touristen. Dem Schicksal ergeben warteten sie auf ihre Abfertigung. Rechts und links Läden, kleine Cafés, Bankschalter, Souvenirshops, Spielautomaten.

Ein Zimmer wie das andere, alle mit dem Notwendigen ausgerüstet, praktisch, schmucklos. Niemand war hier, um in seinem Zimmer zu hocken, alle sollten raus in die Stadt, die sich bis zum Horizont ausbreitete. Ins Zentrum waren es noch gut zehn Kilometer, aber dafür gab es die U-Bahn.

In den Speisesälen wurden in den Stosszeiten 1000 Personen abgefertigt, und wenn wir das Hotel um neun Uhr verliessen, schwammen wir im Strom der Reisegruppen, die zu ihren Bussen eilten.

Vor dem 26-stöckigen Halbrund stand eine gewaltige Statue von Charles de Gaulle. Einer der Alliierten, der erste westeuropäische Staatsmann, der mit dem geächteten Sieger Kontakt aufnahm und die Spielchen des Kalten Krieges zu durchbrechen wagte.

Alles war gigantisch, unübersichtlich, laut und teuer.

Die Stille der Wüste, die Weiten Sibiriens lagen endgültig hinter uns. Die Gefühle Tolstois teilten wir ebenso wenig wie die Erfahrungen Barzinis; wir waren – sollten wir dies je vergessen haben – nichts anderes als Touristen.

Im Konvoi auf dem Weg zum Roten Platz.

Nächste Seite
Parade auf dem Roten Platz.

Doroga Smerti – Strasse des Todes

Auch für eine Gruppe eingefleischter Autofahrer sind Strassen nicht Zweck ihrer Reise, sondern Mittel, um ans Ziel zu kommen, selbst wenn der mittlerweile etwas allzu häufig bemühte Spruch «*Der Weg ist das Ziel*» der Strasse mehr Aufmerksamkeit zu schenken scheint als etwa dem Land, durch das die Strasse führt. In Russland eine durchaus angebrachte Haltung. Und Vorsicht. Denn die M5 von Novosibirsk nach Moskau, der Autobahnring um die Stadt und die M10 von Moskau nach St. Petersburg werden von den Einheimischen nicht umsonst «*Doroga Smerti*», Strassen des Todes, genannt. Davon zeugten schon die vielen blumenbekränzten Kreuze, die den Strassenrand säumten.

Die Strassen Russlands lassen sich mit westeuropäischen Strassen nicht vergleichen. Das hat mit der immensen Grösse des Landes zu tun und damit, dass das sowjetische Strassennetz hinter Luftfahrt, Bahn und Schifffahrt rangierte. Das änderte sich mit der Zunahme des Individualverkehrs. Doch nachdem in den späten 80er-Jahren begonnen wurde, wichtigere Fernverkehrsstrassen auszubauen, mussten die Arbeiten wieder eingestellt werden, weil dem Staat respektive den zuständigen Bezirken und Stadtverwaltungen das Geld ausging.

Als Folge davon sind selbst die wichtigsten Strassen in einem miserablen Zustand, und sie werden schlechter, je weiter man sich von den regionalen Zentren entfernt oder wenn die Zuständigkeiten wechseln, etwa bei Bahnübergängen, wo sich Eisenbahn- und Strassenverwaltung vor Ausgaben drücken. Und schon werden Niveauunterschiede zwischen Strasse und Schiene zu wahren Hindernisläufen.

Immer wieder zwingen metertiefe und riesengrosse Schlaglöcher zu Schlangenfahrten, wobei sich auch so nicht vermeiden lässt, dass man ab und zu in ein Loch knallt und froh sein muss, wenn Stossdämpfer, Rad und Aufhängung den Schlag ausgehalten haben. Wenn es dann noch regnet und sich die Löcher mit Wasser und Schlamm füllen, wird die Strasse schnell einmal unpassierbar.

Zumindest diesbezüglich hatten wir Glück. Wie plötzlich sich dies ändern konnte, erlebten wir während eines Platzregens in Ekaterinburg, als sich die Strassen innerhalb weniger Minuten in schnell dahinfliessende Bäche verwandelten. Eine Unterführung füllte sich so rasch auf, dass die Fahrt zum Tauchgang wurde.

Besonders perfid waren allerdings die etwas besseren Strecken, die dazu verleiteten, zu schnell zu fahren, und wirklich lebensgefährlich waren die neuen, die gut ausgebauten, autobahnähnlichen Strassenabschnitte.

Zusammenstoss mit Folgen: Der Rolls-Royce Team 4 fällt für Tage aus.

Als wir Moskau Richtung St. Petersburg verliessen, wussten wir nicht, was uns erwartete. Die Strasse, so hiess es, sei besser.

Es war die gefährlichste Strasse, die ich je gefahren bin. Drei Spuren, wobei die mittlere immer wieder als Überholspur freigegeben wurde, führten schnurgerade durch eine platte Landschaft, mitten durch Dörfer, manchmal auf einem aufgeschütteten Damm, der selbst grössere Ortschaften entzweischnitt, so dass die Leute an ihren Stubentischen auf Augenhöhe mit den vorbeirasenden Autoreifen sassen. Manchmal gab es Fussgängerstreifen, Lichtsignale, Kreuzungen, vor denen sich Linksabbieger stauten, und ab und zu eine überraschend scharfe Kurve.

Das Tempo wurde von den Lastwagen bestimmt, und es war hoch. Wenn wir mit 130 km/h versuchten, eines dieser tonnenschweren Ungetüme abzuhängen, so war es auch noch mit 140 hinter uns und drängelte.

Auf einer Länge von 100 Kilometern sind wir an sechs schweren Verkehrsunfällen vorbeigefahren.

Hinter einer Kurve hatten sich gleich mehrere Personenwagen überschlagen. Sie standen verkehrt zur Fahrtrichtung, lagen auf der Seite oder waren auf dem Dach in den Graben geschlittert. Am Strassenrand und in den Büschen irrten die Überlebenden umher, andere kauerten auf dem Boden, starrten auf Verletzte und Leichen. Manchmal lagen die Autoteile ein paar hundert Meter weit auseinander. Eine demolierte Fahrerkabine schaukelte kopfüber im Graben, das Chassis war führerlos weitergerast, bis es sich in die Böschung bohrte. Die Ladung rollte auf der Fahrbahn herum. In den Leitplanken steckten die Überreste eines VW-Busses, aus dem Arme und Beine hingen. Ein paar Kilometer später ein blutüberströmter Mann, der durch den Graben wankte. Wieder zwei Lastzüge, die von der Fahrbahn abgekommen waren, der rote MAN, der noch eine halbe Stunde zuvor bis auf ein paar Meter auf uns aufgefahren war, hing mit ausgebrannter Fahrerkabine in einem Baum. Und niemand war da, der sich kümmerte. Manchmal ein überforderter Polizist, der vor einem umgekippten Auto mit hilflosen Bewegungen den Verkehr regelte.

Und beinahe ungebremst und scheinbar teilnahmslos zwängten sich die übrigen Autofahrer durch die Unfallstellen.

Einen Tag später fragten wir einen Mann, der recht gut Deutsch konnte, ob er in der Zeitung von den Unfällen gelesen habe, ob etwas im Fernsehen oder in den Radionachrichten gekommen sei. Er verdrehte die Augen, lachte und sagte:

«Da müssten sie jeden Tag berichten. Zwischen Moskau und St. Petersburg sterben so viele, gezählt werden die alle nicht.»

«Und es wird nichts dagegen unternommen?»

«Was soll man machen? Das ist der Fortschritt.»

Tatsächlich ist es in Russland auch heute noch so, dass mit der Strasse, ebenso wie einst mit den Schienen oder dem Strom, der Fortschritt in die Dörfer kommt.

Abgesehen davon, dass die neue Strasse die Dorfbewohner vor dem Staub der Sommermonate und dem Schlamm im Frühling und Herbst bewahrt, bietet sie vielen ein kleines Einkommen. Die kleine Holzbank vor den Häuschen, auf denen man früher den Feierabend genoss, wird – an den Strassenrand gestellt – zum Verkaufstisch. Früchte, Gemüse, Brote, getrocknete Fische, Tee, was auch immer einem gewieften Kleinunternehmer einfällt, wird aufgetischt. In der Nähe von Wäldern Pilze und Beeren, an Flüssen und Seen geräucherte Fische.

Auffallend war, wie sich die Angebote konzentrierten, selbst so merkwürdige Dinge wie rosa Stoffhasen wiederholten sich mehrmals.

Ebenso wichtig wie die Verkaufsstände sind die Imbissbuden. Ganz im Osten sind es kleine Hütten, aus Holzplatten und Brettern zusammengenagelt. Später werden daraus ganze Imbisszeilen. Gegrillt wird auf einem rostigen Eisenrost, serviert in Blech- oder Plastikgeschirr, und das stille Örtchen ist ein Bretterverschlag zwischen Büschen.

Je näher wir Moskau kamen, desto stabiler und einladender wurden die Buden, die nun schon den Namen Raststätten verdienten, und zwischen Moskau und St. Petersburg waren sie auch nicht schlechter als bei uns. Nur das Essen war nicht mehr so gut, die Bedienung nicht mehr so freundlich und die Preise höher. Und wenn ein Lächeln der Kellnerinnen, hiessen sie nun Natascha, Jelena oder Olga, in Sibirien noch im Preis inbegriffen war, so kostete es nun. Umsonst war hier nichts zu haben.

Bei dem Verkehr.

Nach dem Essen, ich hatte einen Italiener vorgeschlagen, teuer, aber gut, wanderten Alfons und ich durch den Nevsky-Prospekt Richtung Hotel. Anfänglich wollten wir nach einer Stunde den Bus nehmen, aber dann war es so schön – die Kanäle in der Abendsonne, das weiche Licht des Himmels, das sich im dunklen Wasser vergoldete, die sanften Töne der Häuserfassaden, die flanierenden Leute –, dass wir unsere Rückkehr immer wieder hinausschoben. Wir schlängelten uns durch die Zuhörer des Rolling-Stones-Konzerts, machten einen Umweg, um die nächtlichen Wasserspiele zu sehen, und glaubten schliesslich, wir seien nun schon so gut wie im Hotel, so dass wir die letzten Meter auch noch zu Fuss machen könnten. Nach zwei Stunden hatten wir keine Ahnung mehr, wo wir uns befanden, der eine tendierte mehr nach links, der andere nach rechts, und gemeinsam verliefen wir uns so endgültig, dass wir nachts um halb zwei nicht mehr wussten, wo wir waren.

In einer Stadt! In St. Petersburg! Wir hatten einen Stadtplan und Geld, wir fühlten uns sicher und kannten keine Angst.

An einer Tankstelle fragten wir nach dem Weg, und ein Kunde, der gerade seinen Tank gefüllt hatte, war so nett, dass er uns vor dem Hotel absetzte.

Von unseren Mitreisenden sahen wir den ganzen Abend niemanden.

Ein paar waren am Stones-Konzert, andere am Strand, wieder andere auf Booten, in der Stadt an verschiedenen Orten; die Splittergruppen, in denen wir unterwegs waren, wurden immer kleiner. Sehr oft waren es einfach die Teamkollegen oder zwei Paare, die Welschen …

Peking–Paris zerfiel.

Morgen werden wir Russland verlassen. Wir werden wieder in einem EU-Land sein, wir werden wieder lesen können, was auf den Schildern steht, auch wenn wir noch nicht wissen, was es heisst. Wir brauchten einander immer weniger.

Klaus, mit dem ich ein paar Tage später nach Vilnius unterwegs war, sagte mir, dass diese Reise letztlich für jeden eine Reise zu sich selbst gewesen sei. Jeder habe beobachtet und am eigenen Leib erfahren, wie ihn die Strapazen verändert hätten, wie gut oder auch wie schlecht er damit umgegangen sei. Eine Reise nach innen, an die eigenen Grenzen.

«Und da kommt es ja dann darauf an, dass einer sich selbst auch aushält.»

> *In St. Petersburg wird Peter R. von einer Bande überfallen und ausgeraubt. In einer U-Bahnstation kreisen sie ihn ein, nachdem der Zug eingefahren ist. Sie drängen ihn in einen Wagen.*
> *«He, was ist denn hier los?»*
> *Im letzten Moment springen die Männer raus, die Türen schliessen, die Bahn fährt ab. – Kreditkarten, Geld und Fotoapparat sind weg. Er kann sich gar nicht vorstellen, wie die das gemacht haben. So schnell.*
> *Seine Liebe zu Russland lässt er sich aber nicht verderben.*

Itala und Spyker treffen sich in Riga.

ESTLAND LETTLAND LITAUEN
31.7.07–2.8.07–4.8.07–5.8.07
349 km, 208 km, 384 km

Tafelrunde VII: Eine Ansprache zum 1. August

Eine aufgeräumte Gesellschaft versammelt sich im Keller eines Restaurants in Tallinn. Festlich gekleidet die einen, immer noch mit schwarzen Fingernägeln die andern. Nach einem patriotischen Nachtessen mit eigens importierten Bratwürsten und einer von Starkoch Mosimann überwachten Rösti, nach Liedern und angeregten Gesprächen erhebt sich der Festredner V8 Cab. Applaus.

V8 CAB: Liebe Mitfahrerinnen und Mitfahrer. Wer oder was sind wir? Eine verschworene Gemeinschaft? Ein Kleinstaat? – Unser Idol ist nicht Wilhelm Tell, sondern Fürst Borghese. Wir sind ein Staat ohne Regierung, ohne Rechtskleid, mit einer Legislative aus 30 Parteien mit unterschiedlichen Programmen. Mit einem Volk, das die Energie für das absurde Abenteuer Peking–Paris aus seinen Adern bezieht.

Gemurmel, leichte Unruhe im Saal.

EINER: Hört, hört!

V8 CAB: Ein Volk mit drei unterschiedlichen Volksgruppen. Die erste hat Benzin im Blut. Das sind die mit den ewig schwarzen Fingernägeln, immer bereit, unter ein Auto zu kriechen, um Defekte zu analysieren und Hand anzulegen. Die zweite, das sind all jene mit warmem, rotem Blut, immer bereit zu helfen, die sich einsetzen, ohne dreckige Hände zu bekommen. Und die dritte, sie hat kaltes, blaues Blut, trachtet ausschliesslich danach, ihr individuelles Erlebnis ungestört zu maximieren. Summa summarum: eine verschworene Gemeinschaft von liebenswürdigen Individualisten, die unterschiedlicher nicht sein könnten.

Gelächter.

V8 CAB: Auch eine Mischung von Gegensätzen. Da gibt es Leute, die haben ihr Namensschild nie getragen, in der Annahme, dass man sie sowieso kennt, und andere, die haben ihr Namensschild auch heute noch umgehängt, als müssten sie beweisen, dass sie dazugehören. – Oder die ewig Unpünktlichen, denen es nichts ausmacht, die Pünktlichen warten zu lassen. – Die Zahl derjenigen, die beim Briefing immer schwatzen, um anschliessend die Fragen zu stellen, die gerade beantwortet wurden.

Gelächter.

EINE: Er meint dich.

V8 CAB: Was, liebe Freunde, was gehört denn nun zum Ritual eines Nationalfeiertags? – Es sind drei Dinge, drei! – Erstens: stolzes Zurückschauen auf die grossartigen Errungenschaften der Vergangenheit.

Zustimmendes Gemurmel im Saal.

V8 CAB: Zweitens: eine kritische Standortbestimmung von hier und heute. Und drittens: die Formulierung von Wünschen und Forderungen für die Zukunft. – Was heisst das für unseren Kleinstaat? – Beginnen wir mit dem einfachsten Teil, dem Rückblick. Wir haben in 50 Tagen 10 000 km zurückgelegt, ohne nennenswerte Unfälle, ohne dramatische Ausfälle. Mensch und Material wurden harten Strapazen ausgesetzt, kritische Situationen mussten gemeistert werden, aber dank einer qualifizierten Unterstützung und einer phänomenalen Hilfsbereitschaft haben wir die Probleme gelöst.

EINER: Bravo!

V8 CAB: Niemand wurde im Stich gelassen, alle haben sich ihrem Blut entsprechend eingesetzt. Trotz grosser kultureller Unterschiede fehlte es nie an gegenseitiger Anerkennung und Wertschätzung. Der Kommunist wurde ebenso akzeptiert wie der Professor, Motorenverliebte ärgerten sich nicht über Tanzverliebte, Mischler und Macher, Ignorant und Besserwisser zogen am selben Strick, der Formel-1-Fahrer akzeptierte den Vertreter eines Concours d'Elégances, und ob einer ein Cabrio oder mit Bett im Kombi fuhr, war allen gleich recht. – Last, not least, liebe Freunde, haben wir in diesem Staat eine Meuterei überstanden und gut gelebt mit einer freiwilligen Führung.

Applaus.

V8 CAB: Zur Standortbestimmung: Die meisten von uns haben sich reichlich blauäugig, ziemlich naiv und total unerfahren in ein Abenteuer gestürzt, dem sie bei genauerer Betrachtung nie aufgesessen wären. Borghese ist keinen Concours d'Elégances gefahren. – Wo wären wir ohne unsere Spykerboys? Wo wären wir ohne die Abschleppstange des Iveco? Wo wären wir ohne die Transportkapazität in der Businessclass des Chevrolet? – Wir alle haben die realitätsfremde Vorbereitung und die teilweise unrealistischen Dispositionen nicht erkannt und blindes Vertrauen in eine unqualifizierte Führung gehabt. – Der Zeichen wären genügend gewesen, aber wir wollten sie nicht sehen. Diesen Vorwurf, liebe Peking–Paris-Fahrer, müssen wir uns gefallen lassen.

> *Vor dem Gebäude der italienischen Botschaft in Riga kommt es zu einer berührenden Begegnung. Gleichzeitig wie wir fährt die Itala von Fürst Borghese – exakt sein Wagen, der vor 100 Jahren von Peking nach Paris gefahren ist – die gleiche Strecke noch einmal, aber in umgekehrter Richtung. Sie startete in Paris.*
> *Der Spyker von Hans ist zwar auch 100 Jahre alt, aber es handelt sich nicht um das Fahrzeug von Charles Godard, das damals als zweites in Paris ankam, dafür ist Hans ein ganzer Charles.*
> *Die Begegnung der beiden Fahrzeuge und der beiden Teams Paris–Peking und Peking–Paris im Hof der italienischen Botschaft wird zu einem bewegenden Augenblick.*

STIMMEN:	So ist es. – Wo er Recht hat, hat er Recht. – Was ich gesagt habe, ich… – Hätten wir es nur schon früher gemerkt.
V8 CAB:	Eine Lehre für die Zukunft, und damit komme ich zum letzten und schwierigsten Teil, zu den Wünschen und Forderungen. – Peking–Paris ist ein Projekt mit einem vorprogrammierten Ende am 10. August 2007. Doch bevor wir in Paris auseinandergehen, muss ein grosses Ungleichgewicht behoben werden. Unsere Begleit- und Pannenfahrzeuge haben eine Leistung erbracht, die weit über die Solidaritätsleistung zahlender Mitglieder hinausgeht. Dies verlangt eine diskrete, monetäre Abgeltung. Ein Bier oder ein Glas Wein genügt nicht, Schulterklopfen oder Applaus auch nicht. – Viele haben Ausserordentliches geleistet. Die mit Benzin im Blut und Ersatzteilen im Auto. Die freiwilligen Führungsteams. Unsere Gesundheitsgrundversorger, Seelsorger und Kümmerer um Leib und Leben. Alles Leistungen, die unvergesslich in unseren Erinnerungen weiterleben werden. Darüber hinaus schlage ich vor, sie alle, trotz der bevorstehenden Auflösung, als Ehrenmitglieder auf Lebenszeit in unseren Verein aufzunehmen.

Applaus und Gelächter.

V8 CAB:	Nun zum letzten und schwierigsten Punkt meiner kleinen Festrede. Anlässlich des heutigen Nationalfeiertags beantrage ich eine Generalamnestie und Rehabilitierung von MG YA. Dank seiner Initiative sind wir hier, erleben dieses grossartige Abenteuer. In einer emotional belasteten Situation haben wir ihn brutal in die Wüste geschickt. Jetzt, mit einer Distanz von 40 Tagen, wieder in Europa, sollten wir die Grösse haben, ihn aus diesem Status des Unmenschen zu erlösen und ihn zu unserer Abschlussfeier in Paris einzuladen.

Applaus und Gemurre. V8 Cab begibt sich an seinen Platz zurück, schüttelt Hände. Die Versammlung erhebt sich, um gemeinsam den Schweizer Psalm zu singen, bleibt aber trotz der verteilten Texte mangels ausreichender Beleuchtung in der zweiten Strophe stecken.

In der geheimen Abstimmung vom 6. August wurde der Antrag von V8 Cab bzgl. Akte MG YA mehrheitlich abgelehnt.

Oben links
Die Krawatte zum 1. August.

Rechts
Der Rathausturm von Tallinn.

**Die Altstadt
von Tallinn.**

Randnotizen einer Beifahrerin

03.08.07 Was in der 1.-August-Rede auch noch erwähnenswert gewesen wäre: dass die einen ihr gelbes T-Shirt mit dem Aufdruck Peking–Paris immer noch jeden Tag tragen und andere es nie anhatten. Ich freue mich auf meinen Kleiderschrank. Immer, seit Wochen, immer die gleichen Siebensachen, ich darf gar nicht mehr in einen Spiegel schauen. Und wenn ich an die Fotos denke! Von Peking bis Paris immer dieselben Klamotten.

Diesbezüglich noch ein Wort zu den kurzen Hosen der Männer: schrecklich.

> *Die mongolische Reiseleiterin hatte uns als eine Gruppe sympathischer Individualisten bezeichnet. Eine freundliche Beschreibung für einen chaotischen Haufen verunsicherter Alphatierchen, die sich trotz schwieriger Situationen immer auch voreinander behaupten mussten. Die sympathischen Besserwisser nach Paris zu bringen war für keines der freiwilligen Führungsteams eine leichte Aufgabe, und sie wurde nicht leichter, weil wir uns wieder in Europa befanden.*
> *Hans, Marcel und Hans – die beiden Hansen sind ohnehin eines der stärksten Teams – führen den schwierigen Haufen, ohne dass er es merkt. Den Chaoten immer einen Tag voraus, gelingt es ihnen, wie vor 100 Jahren Ettore Guizzardi, dem Fahrer von Fürst Borghese, «allfällige Schäden schon im Voraus zu beheben».*

04.08.07 Ein Widerspruch oder das definitive Ende des Gruppenkollers. Wie einfach das Leben doch plötzlich geworden ist. Nachdem einmal die Angst weg war, wir darauf vertrauen konnten, dass das Auto läuft, wurde das Leben so einfach wie seit Jahren nicht mehr. Wie noch nie. Wir hatten nichts anderes zu tun, als Auto zu fahren. Automatisch, Auto–. Ohne eigene Anstrengung. Wenn wir vor lauter nichts Müssen müde wurden, suchten wir uns einen schönen Ort, assen etwas, tranken, vertraten uns die Beine, staunten die Landschaft an. Vieles, was wir sahen, war schön, anderes nicht, wir fuhren an allem vorbei, liessen es hinter uns, es brauchte uns nicht zu kümmern.

Wir nahmen an Eindrücken mit, was wir behalten wollten, machten uns keine Sorgen und waren am Abend müde von den vielen Eindrücken.

Wir waren in einem schönen Hotel untergebracht, es gab immer etwas Gutes zu essen, und am nächsten Morgen ging es einfach so weiter, und übermorgen, Tag für Tag. Wir brauchten uns um nichts zu kümmern.

Ich könnte noch lange so weiterfahren, einfach jeden Tag – weiterfahren.

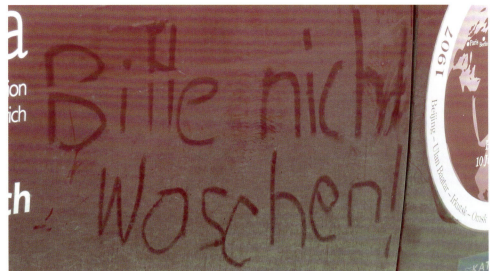

Gehegter Staub auf dem Autolack.

Dünenlandschaft an der Ostsee zwischen Tallinn und Riga.

POLEN DEUTSCH-LAND FRANK-REICH

5.8.07–7.8.07–9.8.07–10.8.07
849 km, 973 km, 431 km

Vorhergehende Seite, links
Der Marktplatz in der Altstadt von Warschau.

Vorhergehende Seite, rechts
Im Belvedere-Park Warschaus.

> In Berlin sind wir Gäste der Schweizer Botschaft. Wir stellen die Autos vor dem ehrwürdigen Gebäude in Reih und Glied auf und lassen uns feiern.
> Es ist seit 63 Tagen der erste Tag, an dem wir wieder Deutsch reden können und verstanden werden. Wegweiser, Hinweisschilder, Gebrauchsanleitungen, Nachrichten, Werbung, Stadtpläne, Verbote… Wir können wieder lesen und verstehen, was wir hören.
> Ob das allerdings der Grund ist, weshalb der Kellermeister nach zwei Stunden dem Gastgeber mitteilen muss, dass die Weissweine ausgetrunken sind, darf bezweifelt werden.

Ein erster Abschied

Seit Moskau gehörte das Nachtessen nicht mehr zum Pauschalarrangement. Vor allem an Tagen, da wir in kleinen Gruppen unterwegs waren, schwang in einem gemeinsamen Essen immer auch das baldige Ende der Reise mit. Wehmut des Abschieds, Nostalgie – wisst ihr noch, Pingyao, mein Gott, ist das lange her – und Erleichterung, Vorfreude auf Familie und Freunde, denen wir so viel zu erzählen haben.

In Warschau lud uns Anton Mosimann ins Restaurant seines Freundes Kurt Scheller ein. Das Essen in den eleganten Räumen des Hotels *«Rialto»* wurde zu einem ersten Abschiedsfest, dem täglich ein weiteres folgen sollte. In Berlin im Garten der Schweizer Botschaft, in Sinsheim als Gäste von Gerhard und des Direktors des Auto & Technik Museums, im Château d'Ermenonville kurz vor dem Ziel, und schliesslich im Spiegelsaal des Hotels Intercontinental in Paris.

Die Besonderheit im *«Rialto»* war, dass Anton Mosimann und sein Freund Kurt Scheller, zwei Starköche, unterstützt von Christine, Monique, Valérie, Hansruedi und Jörg, für uns kochten.

Antons Fahrkünste mochten von vielen bezweifelt, sein Triumph für die Reise als ungeeignet eingestuft worden sein, aber wie er sich um unser leibliches Wohl kümmerte und damit die Stimmung verbesserte, war spitze.

Wenn *«Hunger der beste Koch ist»*, so geht *«die Liebe durch den Magen.»* Und damit verrät das Sprichwort mehr, als wir vielleicht ahnen. Nicht der Gaumen ist angesprochen, sondern der Magen. Hungrig ging auf dieser Reise ohnehin niemand zu Bett.

Es war faszinierend zu beobachten, mit welcher Leidenschaft sich Anton für die Kochtöpfe aller Küchen interessierte. Im mongolischen 5-Sterne-Hotel genauso wie im sibirischen Sanatorium, und wenn er ein Essen für besonders gelungen hielt, so bat er Köchinnen und Köche, die gesamte Küchenmannschaft auf eine improvisierte Bühne, wo er seine Berufskollegen vorstellte und sich bei ihnen bedankte. Er freute sich über jedes gelungene Schnitzel, nie hörte ich ihn mäkeln, wie man das eine oder andere hätte besser machen können, oder sah ihn die Nase rümpfen, weil man dieses oder jenes so nicht essen könne.

Das machte ihn für mich zum Star, und wenn ich je in die Situation käme, definieren zu müssen, was einen Star auszeichnet, so wäre ich um eine Antwort nicht verlegen. Der wahre Könner braucht sich nicht zu beweisen, indem er andere kleiner macht.

Soviel zur *«Liebe durch den Magen»*, vielleicht noch das Menü vom 6. August im Hotel *«Rialto»* des Schweizer Wahlpolen Kurt Scheller.

Entrée: Champignonsuppe mit Crème fraiche.
Vorspeise: Anton Mosimanns Risotto mit frischen Eierschwämmen aus Polens Wäldern.
Hauptgang: Entenbrust mit Kartoffel- und Selleriepüree.
Dessert: Warmes Schokoladentörtchen mit Himbeereis.
Guten Appetit und wohl bekomms!

Vorhergehende Seite, links und rechts
Ankunft vor der Schweizer Botschaft in Berlin.

Brief an den Freund und Schriftsteller Klaus Merz

9. August 2007, Château d'Ermenonville

Lieber Klaus

Morgen werden wir in Paris ankommen. Wir sind nur noch etwa 30 Kilometer vom Ziel entfernt, die Reise ist zu Ende.

Ich sitze in meinem Zimmer, wahrscheinlich einer ehemaligen Dienstbotenkammer unter dem Dach, an einem kleinen Tisch vor dem Fenster. Unter mir breitet sich einer der ältesten englischen Gärten aus, ein Freund von Jean-Jacques Rousseau soll ihn angelegt haben. Rousseaus Grab befindet sich inmitten des Sees auf einer kleinen Insel. Wälder umgeben den Park, es ist wunderbar ruhig – endlich wieder einmal –, und dass das Schloss von 1942 bis 1964 Ettore Bugatti gehörte, passt gut zu uns und den Oldtimern, die unten im Hof stehen.

Ich habe während dieser Reise oft an Dich gedacht. Zum einen, weil ich Dich vor der Reise gefragt habe, ob ich diesen für einen Autor eher aussergewöhnlichen Auftrag annehmen soll und ob mich meine Begeisterung für Autos und Motoren, die ja ähnlich stigmatisiert ist wie das Rauchen, das wir ebenfalls nicht lassen können, nicht zu einem allzu unkritischen Begleiter macht. Du hast meine Bedenken zerstreut, und ich habe zugesagt.

Zum andern und dies vor allem, weil ich oft an Deine Romanfiguren denken musste. An Deine Auf-und-Ausbrecher, die dann schon in Erstfeld wieder umkehren, oder wenn sie denn tatsächlich den Mut aufbringen, ins Gebirge zu steigen, eben doch nicht jenseits der Steilhänge, der Felsen und Pässe, Geröllhalden und Schluchten wieder auf sicheren Boden gelangen, sondern im Schnee liegen bleiben. Sie nehmen sich nicht nur überallhin mit, sondern sie scheitern, weil sie sich zu viel aufbürden. Sie sind mit ihrer ganzen Welt unterwegs. Der Wille auszubrechen ist da, aber sie überschätzen ihren Mut und ihre Kraft und werden vom Gewicht ihrer Vorsätze erdrückt. Sie kehren um, gehen verloren oder ergeben sich. Als Heimkehrer werden sie zu Geläuterten, selbst dann, wenn sie nicht wirklich zu Hause ankommen.

Und wir Peking–Paris-Fahrer? Lassen wir uns überhaupt mit Deinen Figuren vergleichen? Sind wir nicht nur ein paar Autonarren, die sich, ohne lange zu überlegen, auf eine Reise einliessen, die als Abenteuer angepriesen wurde? Gleichsam am Schopf emporgehoben und nach Peking verfrachtet, ging es nur darum, wieder nach Hause zu fahren. Peking–Paris im Automobil, die Erfüllung eines Bubentraums.

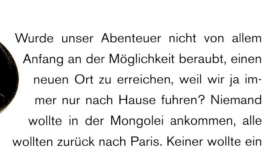

Wurde unser Abenteuer nicht von allem Anfang an der Möglichkeit beraubt, einen neuen Ort zu erreichen, weil wir ja immer nur nach Hause fuhren? Niemand wollte in der Mongolei ankommen, alle wollten zurück nach Paris. Keiner wollte ein Gebirge überwinden, um jenseits der Berge Neuland zu betreten. Niemand schleppte seine ganze Welt mit sich herum und setzte sie einer Überprüfung aus. Wir waren unterwegs mit ein paar Sachen – zugegeben mit einem alten Fahrzeug, das vielen lieb und teuer war –, mit Sachen, die wir heil nach Hause bringen wollten. Wir liessen uns in eine fremde Kultur verpflanzen, um so schnell wie möglich zur alten, vertrauten zurückzufinden. Das war kein Aufbruch zu neuen Ufern, sondern eine Rückkehr in die Heimat. Und so lassen sich die beiden Wege, der Ausbruch Deiner Romanfiguren und unsere Heimfahrt, auf Grund ihrer verschiedenen Richtungen gar nicht miteinander vergleichen. Oder eben doch.

Auch unsere Fahrt nach Hause war nicht einfach, auch sie war mit Ängsten verbunden, und sie wird nicht zu Ende sein, wenn wir morgen in Paris ankommen.

Vielleicht war unser Trip quer durch zwei Kontinente der leichtere Weg als der Ausbruch einer Deiner Figuren, die schon hinter Erstfeld nicht mehr weiter kommt. Sozusagen ein Trick, um den schweren Weg vom anderen Ende her anzugehen.

Kurt, einer der Reisegefährten, brachte seine Erfahrung auf den Punkt, als er sagte: «*Ich hätte diese Reise gern vor zwanzig Jahren gemacht, ich hätte mir vieles erspart.*» Ich fragte ihn, was er damit meine, und er sagte, dass er so viel gelernt, so viel erfahren habe, auch über sich selbst, dass er sich sämtliche Schulungs- und Weiterbildungskurse hätte schenken können.

Dem gibt es eigentlich nichts hinzuzufügen, ausser vielleicht eine letzte, leicht zynische Bemerkung.

Gutmütig, naiv und oft etwas schlecht vorbereitet hatten wir uns auf ein Abenteuer eingelassen, ohne zu ahnen, wie sehr uns die Erfahrung aus dem Tritt bringen könnte. Wer die Reise nun für einen Ausbruch hielt, sieht sich um den Erfolg betrogen. Er ist ja sozusagen zu Hause geblieben.

Alles Weitere später. Jetzt begiessen wir im Speisesaal des Schlosses unsere tolle Leistung in den rasenden Kisten. Du lachst, trotzdem vermute ich, dass mir die tollkühnen Frauen und Männer, wenn ich in ein paar Tagen wieder allein am Schreibtisch sitze, fehlen werden.

Mit lieben Grüssen
Peter

Château d'Ermenonville.

Ankunft auf der Place Vendôme.

Die Ankunft in Paris ist gar nicht so einfach. Borghese wurde von einem Heer von Automobilen in Empfang genommen, uns holt niemand ab. Im Gegenteil. Der Verkehr der Grossstadt nimmt keine Rücksicht auf unseren Konvoi, und weil die elektronischen Navigatoren nicht bei allen gleich programmiert sind, landen ein paar Fahrzeuge anstatt vor dem ehemaligen Gebäude des «Matin» eine gute Stunde zu früh auf der Place Vêndome.
Man fährt zurück und verliert sich erneut.
Erst im allerletzten Augenblick stehen alle vor dem ehemaligen Gebäude des «Matin», um sich dann auf den letzten fünf Kilometern erneut zu verfahren. Der schöne Plan, Einfahrt in der Reihenfolge der Teamnummern, kann nicht eingehalten werden, und so gestaltet sich die Ankunft zum improvisierten Triumphzug jedes Einzelnen.
Was im Konvoi nicht möglich gewesen wäre: «Der Fürst bremst. Das Automobil hält. Die Fahrt ist zu Ende!» wird so für jedes ankommende Team zu einem kleinen Remake und für viele zum letzten Bild eines Traumes, der damit in Erfüllung gegangen ist.

2007 – Polen / Deutschland / Frankreich

Rechts
Festlicher Schlusspunkt im Salon Opera des Grand Hotel Inter-Continental Paris.

Tafelrunde VIII: Galadinner im Spiegelsaal

Galadinner der Teilnehmerinnen und Teilnehmer der Rallye Peking–Paris zusammen mit Freunden und Verwandten im Spiegelsaal des Hotels Intercontinental in Paris. Grosse runde Tische, Kristallkronleuchter, rundherum Spiegelwände, in denen sich die Festgemeinde vervielfacht. 122 S, der letzte Chef der freiwilligen Leitung, begrüsst die Gäste.

122 S: Freude herrscht. We dit it.

Gelächter, dann Applaus.

122 S: Vor 62 Tagen sind wir in Peking gestartet, heute, am 10. August, hier in Paris angekommen. 100 Jahre nach Borghese dürfen auch wir stolz sein, diese nicht einfache Marathonstrecke zurückgelegt zu haben. 63 Teilnehmer! 30 Fahrzeuge! 16 000 Kilometer! – Aber das Erfreulichste ist, dass wir alle gesund und randvoll mit Eindrücken das Ziel erreicht haben. Wir sind nie schneller gefahren, als unsere Schutzengel fliegen konnten…

Gelächter und zustimmendes Gemurmel.

122 S: Um den individuellen Berichten der Teilnehmer nicht vorzugreifen, möchte ich nun nicht alle unsere Heldentaten lückenlos nacherzählen, aber gestatten Sie mir ein paar Gedanken. Im Buchprospekt steht als Untertitel *«Ein Härtetest für Mensch und Material.»* Wohl keiner von uns hatte eine Vorstellung davon, wie sich diese Annahme bewahrheiten sollte…

Die Reise war zu Ende, auch wenn die meisten von uns dies noch nicht begriffen hatten. Wir hatten das Ziel erreicht, wir waren müde, aber aufgekratzt, heiter, feuchtfröhlich, wir wollten selber erzählen, unsere Sicht der Dinge, und wussten nicht, womit beginnen.

Wir hatten die Reise erlebt, waren die Strecke gefahren, wir hatten uns immer wieder mit Leuten zusammengerauft, mit denen uns nichts anderes verband als der Wille, gemeinsam in Paris anzukommen. Dieses Ziel hatten wir erreicht, was es für jeden von uns bedeuten sollte, wussten wir nicht.

Erlebt, gemacht, erfahren hatten wir die Reise, aber uns daran erinnern wollten und konnten wir uns noch nicht. Unsere Eindrücke waren noch unsortiert, die Meinungen nicht gemacht. Bilder, Geräusche, Empfindungen, Gerüche, Beobachtungen, Erkenntnisse, Reize, Gefühle… Ein kunterbuntes Durcheinander, das unser Kopf erst einmal ordnen musste. Wer uns nach der Reise fragte, wurde unwillig angeblafft. Oder er musste sich mit einer einsilbigen Antwort begnügen. Vielleicht auch mit einem Redeschwall, der sich nicht mehr bremsen liess. Eine Frage wie *«Wie war's denn in Sibirien?»* löste in jedem Fall eine Krise aus. Glücklich war, wer die Neugier der Daheimgebliebenen mit einem Mitbringsel befriedigen konnte.

Und darum waren wir froh, dass Hans vorne auf der Bühne stand und unsere Angehörigen informierte. So richtig zuzuhören brauchten wir ihm nicht; was er erzählte, war für uns nichts Neues, es mochte noch so pointiert und witzig sein.

122 S: … ebenso erstaunlich ist die Tatsache, dass sich in diesem chaotischen Haufen immer wieder Einzelne finden liessen, die bereit waren, Führungsaufgaben wahrzunehmen. Dass sich 60 Leute ohne vorgegebene Strukturen während zweier Monate um die halbe Welt bewegen können, ist wohl einzigartig…

In den Spiegeln liess sich die Szenerie fast besser überblicken. Dominiert wurde der Eindruck von den grossen, runden Tischen mit den weissen Tischdecken, die Menschen rundherum bunte Tupfer, ganz so wie Kinder Blumen malen, ein weisser Kopf mit kurzen Blütenblättern, und weil sich die Tische und ihre Menschentupfer in anderen Spiegeln wiederholten und sich in weiteren Spiegeln fortsetzten, entstand ein kunstvolles, im milden Licht der Leuchter verführerisches Gewebe aus Wirklichem und Geschautem.

Eine Erfahrung, die ich aus dem Kino kannte, wenn das Geschehen auf der Leinwand vergessen liess, dass es nicht wirklich war.

Gelächter und Applaus.

122 S: Heute, genau 100 Jahre danach, haben wir alle gewonnen.

Ich schreckte aus meinen Träumereien. Gleich würden im Saal die Lichter angehen. – Der Film war zu Ende.

STRECKEN-PROFIL

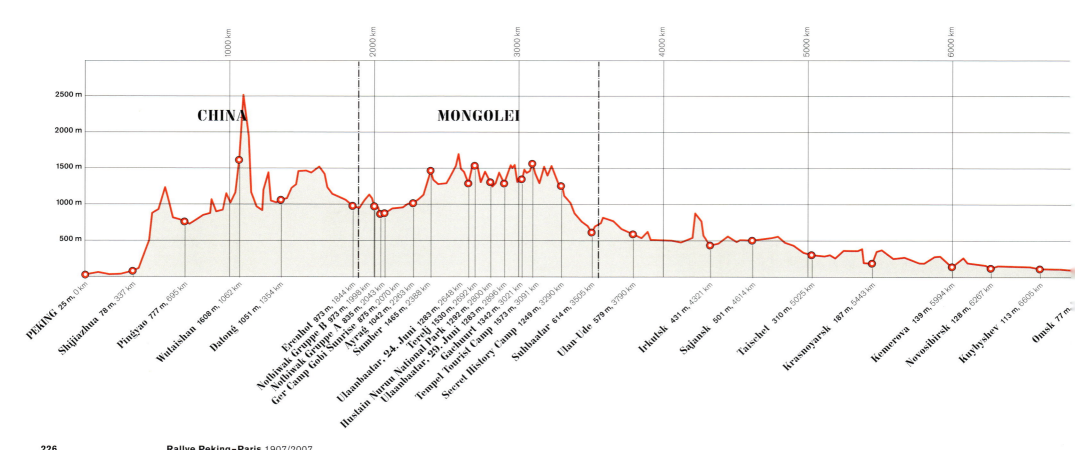

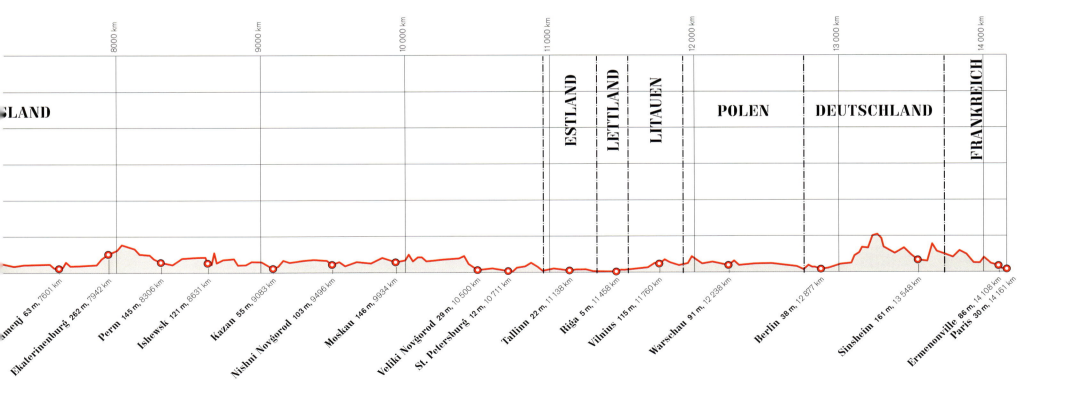

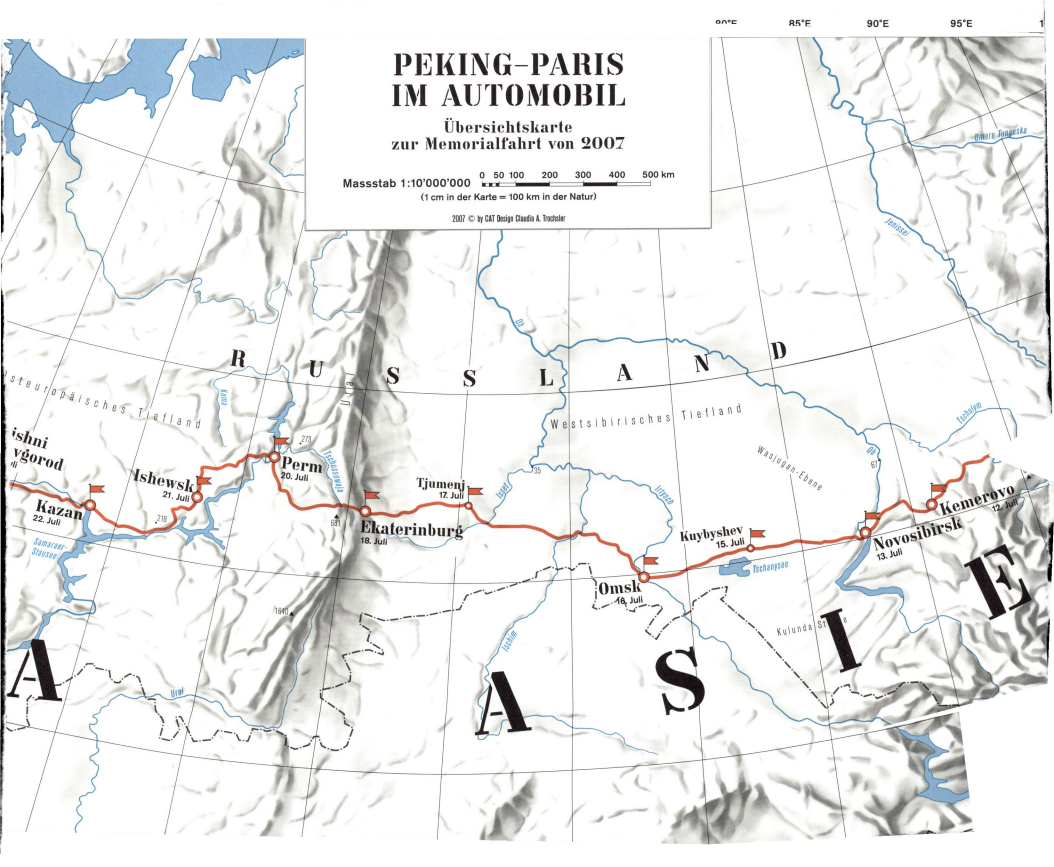

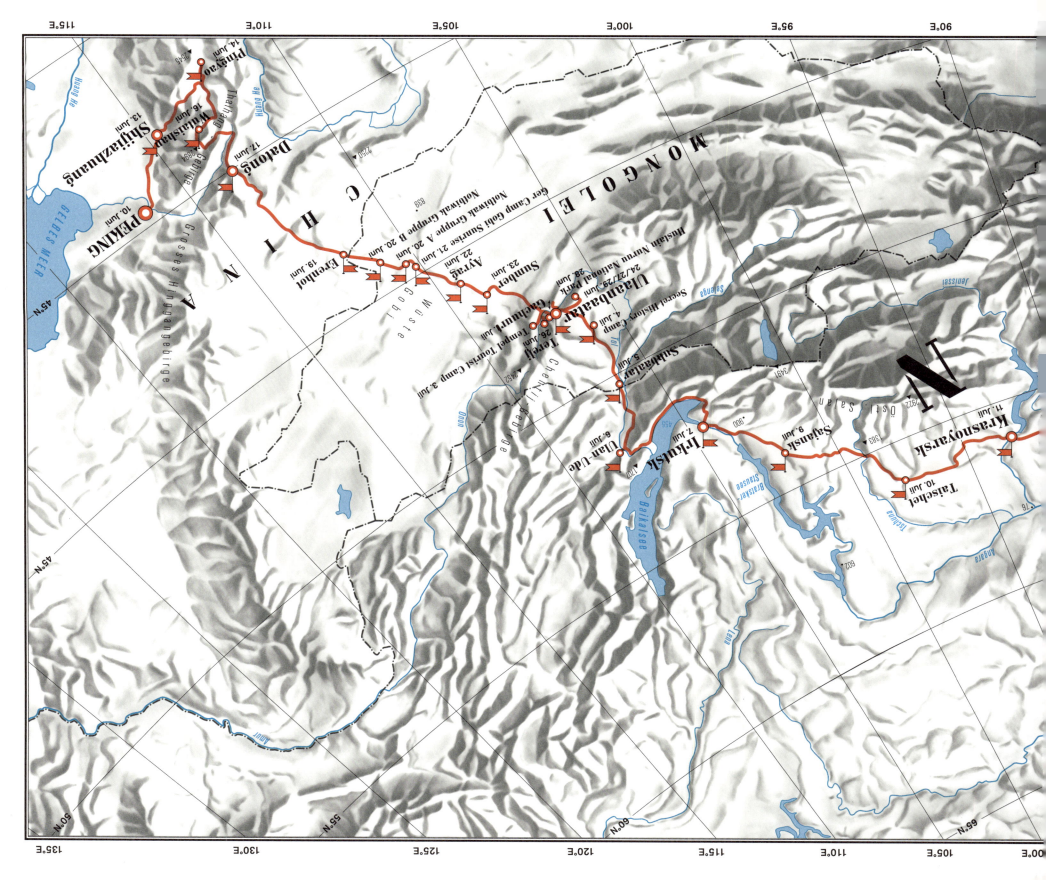

Nachwort

Als völlig heterogene Gruppe oder, wie sich Uyanga, unsere mongolische Reisebegleiterin ausdrückte, als *«chaotischer Haufen sympathischer Individualisten»* haben wir eine absolut spannende, hochinteressante, vielseitige, häufig abenteuerliche und in jeder Beziehung *«geniale»* Reise erleben dürfen. Fast so wie Fürst Scipione Borghese vor 100 Jahren möchten auch wir unsere Eindrücke und Erlebnisse geordnet dokumentieren und unsere Erfahrungen weitergeben können. Das Resultat liegt vor, Sie halten es in Ihren Händen!

Dass sich dieses Abenteuer *«Rallye-Buch»* realisieren liess, verdanke ich einer ganzen Anzahl verschiedener Mitwirkender, denen ich meinen ganz grossen Dank ausspreche.

Peter Höner liess sich für diese wohl einmalige Anstellung rasch begeistern und hat damit schreibenderweise auch Ungemach und viel Unbequemes auf sich genommen. Als erfahrener Krimi-Autor hat er diesen Reisebericht durch seine Schilderungen aus den verschiedensten Blickwinkeln zu einer äusserst spannenden und abwechslungsreichen Story gemacht.

Das Fotografenteam hat unter der Leitung von Michel Zumbrunn insgesamt über 6000 grossartige Fotos abgeliefert. Die anspruchsvolle Aufgabe der umfangreichen Bildauswahl und Buchgestaltung hat das BOB-Design-Team um Mireille Burkhardt prima gelöst. Und auch Claudia Trochsler als Kartografin sowie Karina Wisniewska als Lektorin liessen sich erfreulicherweise sehr rasch für ihre Arbeit begeistern. Christian Neidhart, Team 15, hat sich nicht nur als Druckfachmann während der ganzen Buchentstehung verdient gemacht. Schliesslich danke ich auch Peter Zehnder, der mir buchstäblich sieben Tage in der Woche als *«Wegweiser»* zur Verfügung stand.

Dem Zürcher Orell Füssli Verlag danke ich für die Aufnahme ins Verlagsprogramm, und den zahlreichen Buch-Sympathisanten gebührt mein ganz spezieller Dank, denn ohne ihre grosszügige finanzielle Unterstützung hätte ich mich nicht an die Realisierung dieses einzigartigen Projekts wagen können.

Hans Burkhardt, Team 24

Aus dem Werkzeugkasten

Seite 65
Gabelschlüssel

Seite 80
Hebelseilzug

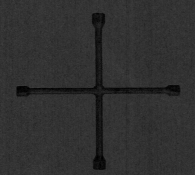

Seite 84
Radkreuz

Seite 109
Wasserpumpenzange

Seite 125
Wagenheber

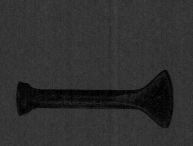

Seite 138
Felgenrichtstock

Seite 150
Spaten

Seite 168
Luftdruckmesser

Seite 191
Notwassersack

Seite 216–217
Gummihalteriemen

Dank

Diese Publikation wurde durch die Unterstützung folgender Firmen, Institutionen und Personen ermöglicht:

Kurt Baer, Männedorf
Frank Bodmer, Zumikon
Buchbinderei Burkhardt AG, Mönchaltorf
Hans Heinrich Coninx, Küsnacht
Credit Suisse, Zürich
Urs Düggelin, Sursee
Jörg Dünki und Hans Rudolf Schäfer, Teilnehmer
Emil Frey AG, Zürich
Meinrad Frey, Teilnehmer
Kurt Hungerbühler, Erlenbach
Kestenholz Holding AG, Basel
Klaus und Jutta Metzenauer, Teilnehmer
Mobilière Suisse, Nyon
Anton und Kathrin Mosimann, London, Teilnehmer
Neidhart + Schön Group, Zürich
Peyer Graphic AG, Lengnau
Christoph Pfenninger, Zumikon
Markus Rauh, Teilnehmer
Alain und Monique Röthlisberger, Teilnehmer
Papierfabrik Scheufelen GmbH+Co. KG
Sebastian C. Schröder und Ursula Klar Schröder, Teilnehmer
Sihl + Eika Papier AG, Thalwil
Alfred Stucki, Erlenbach
UBS-Kulturstiftung, Zürich
VOLVO Automobile, Glattbrugg
Ruedi Wassmer, Zürich
Rolf Zimmermann, Zumikon

Impressum

Herausgeber: Hans Burkhardt, Zumikon

Autor: Peter Höner, Iselisberg

Fotografie: Michel Zumbrunn, Stäfa; Mara Truog, Zürich (Produktefotografie); sowie Beiträge von Dieter Beer, Hans Burkhardt, Mustafa Eldeniz, Stephan Kestenholz, Christian Neidhart, Ursula Klar Schröder und Sebastian C. Schröder

Grafisches Konzept und Gestaltung: BOB Design Ltd, Mireille Burkhardt, Tom Green, Matt Price, London/Zürich

Editorische Beratung: Peter Zehnder, Zürich

Lektorat: Karina Wisniewska, Ennetbaden

Routenkarte, Streckenprofil: Claudia Trochsler, Hünenberg

Schriften: Le Corbusier, Akzidenz Grotesk

Papier:
Consort Royal FSC, halbmatt, ultraweiss
Munken Lynx FSC, naturweiss
Plano® Color, korallenrot,
geliefert durch Sihl+Eika Papier AG, Thalwil

Litho und Druck:
Neidhart+Schön Group AG, Zürich

Einbandmaterial:
IRIS-Gewebe von Peyer+Co. AG, Lengnau

Buchbinderische Verarbeitung:
Buchbinderei Burkhardt AG, Mönchaltorf

2007 Orell Füssli Verlag AG, Zürich
www.ofv.ch
Alle Rechte vorbehalten.

Dieses Werk ist urheberrechtlich geschützt. Dadurch begründete Rechte, insbesondere der Übersetzung, des Nachdrucks, des Vortrags, der Entnahme von Abbildungen und Tabellen, der Funksendung, der Mikroverfilmung oder der Vervielfältigung auf andern Wegen und der Speicherung in Datenverarbeitungsanlagen, bleiben, auch bei nur auszugsweiser Verwertung, vorbehalten. Vervielfältigungen des Werks oder von Teilen des Werkes sind auch im Einzelfall nur in den Grenzen der gesetzlichen Bestimmungen des Urheberrechtsgesetzes in der jeweils geltenden Fassung zulässig. Sie sind grundsätzlich vergütungspflichtig.

Bibliografische Information der Deutschen Bibliothek:
Die Deutsche Bibliothek verzeichnet diese Publikation in der Deutschen Nationalbibliografie; detaillierte bibliografische Daten sind im Internet unter http://dnb.d-nb.de abrufbar.

ISBN: 978-3-280-06103-9

Cover:
**Reifenspur Spyker
Phaeton 1907**

Peter Höner hatte nach seinem Schauspielstudium in Hamburg Engagements als Schauspieler u. a. in Hamburg, Bremen, Berlin, Basel und Baden. Seit 1981 lebt er als freischaffender Schriftsteller, Schauspieler und Regisseur auf dem Iselisberg im Thurgau und in Zürich. Er ist Autor von Theaterstücken, Hörspielen und Büchern. www.peterhoener.ch

Michel Zumbrunn ist seit 45 Jahren Fotograf im Bereich Werbung und Mode, heute hauptsächlich in der klassischen Autoszene. Er ist Autor mehrerer Bücher zum Thema Autolegenden und regelmässiger Mitarbeiter in Automagazinen von Japan bis USA. Bekannt u. a. für seine Studioaufnahmen klassischer Automobile. www.fotozumbrunn.ch